Ausführliches Verzeichnis der

Guttentag'schen Sammlung

Deutscher Reichs- und Preußischer Gesetze

— Text-Ausgaben mit Anmerkungen, Taschenformat, —

welche alle wichtigeren Gesetze in unbedingt zuverlässigen Gesetzestexten und in mustergültiger Weise erläutert enthält, befindet sich hinter dem Sachregister.

Guttentag'sche Sammlung
Nr. 73. Deutscher Reichsgesetze. Nr. 73.
Text-Ausgaben mit Anmerkungen.

Die Reichsgesetze

betreffend die

Entschädigung für unschuldig erlittene Verhaftung und Bestrafung.

Erläutert von

Dr. jur. A. Romen,
Geheim. Kriegsrat und vortragend. Rat im Kriegsministerium.

Nebst einem Anhang, enthaltend
die Vorschriften der Strafprozeßordnung und der Militärstrafgerichtsordnung über das Wiederaufnahmeverfahren sowie des Bürgerlichen Gesetzbuches über den Schadensersatz
und das Österreichische Gesetz, betreffend die Entschädigung für ungerechtfertigt erfolgte Verurteilung.

Berlin 1904.
J. Guttentag, Verlagsbuchhandlung,
G. m. b. H.

Vorwort.

Durch die Reichsgesetze betreffend die Entschädigung unschuldig Bestrafter und Verhafteter vom 20. Mai 1898 und vom 14. Juli 1904 ist die Rechtslage der zu Unrecht in ein Strafverfahren verwickelten Personen in Deutschland in einer Weise verbessert, sicherer und günstiger gestellt, wie in keinem anderen Lande, das auf diesem Gebiete gesetzliche Vorschriften erlassen hat. Das Gesetz von 1898 hat allerdings bisher keine große praktische Bedeutung gewonnen; es wird sie voraussichtlich auch nicht bekommen, da es nur die doch immerhin seltenen Fälle betrifft, daß ein Unschuldiger verurteilt wurde. Anders verhält es sich mit dem Gesetz, betreffend die Entschädigung für unschuldig erlittene Untersuchungshaft. Die Fälle, daß eine ungerechtfertigte Untersuchungshaft verhängt wird, sind ungleich häufiger als die Fälle ungerechtfertigter Verurteilung. Das liegt in der Natur der Sache. Bei einer schnellen Strafjustiz, wie sie in einem geordneten Staatswesen unbedingt notwendig ist, wird es sich nicht vermeiden lassen, daß auch öfter einmal jemand verhaftet wird, der unschuldig war. Deswegen ist dieses Gesetz von außerordentlich weittragender praktischer Bedeutung und seine häufige Anwendung in der Rechtsprechung steht mit Sicherheit zu erwarten. Da die zahlreichen, für die Entschädigungsfrage in Betracht kommenden gesetzlichen Bestimmungen zeitlich vielfach weit auseinanderliegen und schon infolgedessen an vielen Stellen des Reichs-Gesetzblattes zerstreut sind, wird sich in der Praxis bald das Bedürfnis herausstellen, den gesamten einschlägigen Stoff in einem handlichen Buche vereinigt zu haben. Aus dieser Erwägung heraus ist das vorliegende Büchlein entstanden. Ebenso ist bei den Erläuterungen in erster Linie auf das praktische Bedürfnis Rücksicht genommen. Vorausgeschickt ist im ersten Teile eine Darlegung der Entstehung und Grundsätze der Entschädigungsgesetze. Abgesehen davon, daß es an sich von großem Interesse ist, den Entwickelungsgang der solange und oft so leidenschaftlich erörterten Frage der Entschädigung für eine unschuldig erlittene Freiheitsentziehung kennen zu lernen, bietet auch gerade bei diesen Gesetzen die Entstehungsgeschichte für manche Bestimmung erst die rechte Erklärung.

Berlin, Juli 1904.

Romen.

Inhalt.

Quellen und Literatur.

Stenographische Berichte über die Verhandlungen des Reichstages 5. Legislaturperiode II. Session 1882/83, Band I S. 612ff. (Erste Beratung über den Antrag Dr. Philipps und Lenzmann.)

Bericht der X. Kommission des Reichstages über den denselben zur Vorberatung überwiesenen, von den Abgeordneten Dr. Philipps und Lenzmann eingebrachten Gesetzentwurf betreffend Ergänzung zur Strafprozeßordnung für das Deutsche Reich. (Berichterstatter Abgeordneter Dr. v. Schwarze.) Drucksachen des Reichstages 5. Legislaturperiode II. Session 1882/83, Bd. III Nr. 267.

Stenographische Berichte über die Verhandlungen des Reichstages 5. Legislaturperiode IV. Session 1884, Bd. I S. 379ff.

Bericht der XII. Kommission über den von den Abgeordneten Dr. Philipps und Lenzmann eingebrachten Gesetzentwurf betr. Entschädigung für unschuldig erlittene Untersuchungs- und Strafhaft. (Berichterstatter Abgeordneter Dr. v. Schwarze.) Drucksachen des Reichstages 5. Legislaturperiode IV. Session 1884, Bd. II Nr. 110.

Stenographische Berichte über die Verhandlungen des Reichstages 6. Legislaturperiode I. Session

1884/85, Bd. II S. 1257 ff., Bd. III S. 2076 ff. (Erste Beratung über den Entwurf.)

Bericht der VIII. Kommission über den von dem Abgeordneten Lenzmann eingebrachten Gesetzentwurf, betr. die Entschädigung für unschuldig erlittene Untersuchungs- und Strafhaft. (Berichterstatter Abgeordneter Spahn.) Drucksachen des Reichstages 6. Legislaturperiode II. Session 1885/86, Bd. II Nr. 155.

Stenographische Berichte über die Verhandlungen des Reichstages VI. Legislaturperiode II. Session 1885/86, Bd. II S. 1455 ff., Bd. III S. 1475 ff. (zweite Beratung) Bd. III S. 1500 ff. (dritte Beratung).

Entwurf eines Gesetzes, betr. Änderung und Ergänzungen des Gerichtsverfassungsgesetzes und der Strafprozeßordnung, nebst Begründung. Drucksachen des Reichstages 9. Legislaturperiode IV. Session 1895/97, Bd. I Nr. 73.

Stenographische Berichte über die Verhandlungen des Reichstages 9. Legislaturperiode IV. Session 1895/97, Bd. I S. 296 ff., 304 ff. (erste Beratung).

Bericht der XI. Kommission über diesen Entwurf. (Berichterstatter Abgeordneter Lenzmann.) Drucksachen des Reichstages 9. Legislaturperiode IV. Session 1895/97, Bd. IV Nr. 294.

Stenographische Berichte über die Verhandlungen des Reichstages 9. Legislaturperiode IV. Session 1895/97, Bd. V S. 3560 ff. (zweite Beratung), S. 3883, 3911 (dritte Beratung).

Entwurf eines Gesetzes, betr. die Entschädigung der im Wiederaufnahmeverfahren freigesprochenen Personen nebst Begründung. Drucksachen des Reichstages 9. Legislaturperiode. V. Session 1897/98 Bd. I Nr. 22.

Stenographische Berichte über die Verhandlungen des Reichstages 9. Legislaturperiode V. Session 1897/98, Bd. I S. 24 ff. (erste Beratung).

Bericht der VII. Kommission über diesen Entwurf. (Berichterstatter Abgeordneter Beckh.) Drucksachen des Reichstages 9. Legislaturperiode V. Session 1897/98, Bd. III Nr. 119.

Stenographische Berichte über die Verhandlungen des Reichstages 9. Legislaturperiode V. Session 1897/98, Bd. II S. 1249 ff., Bd. III S. 1689 ff. (zweite Beratung), Bd. III S. 1810 ff. (dritte Beratung).

Entwurf eines Gesetzes, betr. die Entschädigung für unschuldig erlittene Untersuchungshaft, nebst Begründung. Drucksachen des Reichstages 11. Legislaturperiode I. Session 1903/04 Nr. 202.

Stenographische Berichte über die Verhandlungen des Reichstages 11. Legislaturperiode I. Session 1903/04, Bd. I S. 644 ff., 667 ff. (erste Beratung).

Bericht der VII. Kommission über diesen Entwurf. (Berichterstatter Abgeordneter Burlage.) Drucksachen des Reichstages 11. Legislaturperiode I. Session 1903/04 Nr. 370.

Stenographische Berichte über die Verhandlungen des Reichstages 11. Legislaturperiode I. Session 1903/04 S. 2661 ff., 2681 ff. (zweite Beratung), S. 2888 ff. (dritte Beratung).

Kolisch, Amtsgerichtsrat, Strafprozeßordnung für das Deutsche Reich mit dem Gesetze, betr. die Entschädigung der im Wiederaufnahmeverfahren freigesprochenen Personen. (S. 804 ff.) Hannover, 1898.

v. Koppmann, Kommentar zur Militärstrafgerichtsordnung für das Deutsche Reich. München, 1901.

Lessing, Dr., Landrichter, Die Entschädigung der im Wiederaufnahmeverfahren freigesprochenen Personen. Leipzig, 1898.

Loewe-Hellweg, Strafprozeßordnung für das Deutsche Reich. Berlin, 1904.

Mamroth, Dr., Rechtsanwalt, Strafprozeßordnung nebst Gesetz, betr. die Entschädigung der im Wiederaufnahmeverfahren freigesprochenen Personen. (S. 482ff.) Berlin, 1900.

Ortloff, Dr., Landgerichtsrat, Entschädigung für eine zu Unrecht erlittene Untersuchungshaft. In Liszt's Zeitschrift für die gesamte Strafrechtswissenschaft, Band 22 Heft 5 und 6 S. 724ff. Berlin, 1902.

Woermann, Franz, Staatsanwaltschaftsrat, Das Wiederaufnahmeverfahren und die Entschädigung unschuldig Verurteilter. Berlin, 1899.

A. Allgemeiner Teil.

Geschichtliches und Grundsätze.

Es ist bekannt, daß die Frage nach der Entschädigung für unschuldig erlittene Freiheitsentziehung seit mehr als 100 Jahren in allen Kulturstaaten die Öffentlichkeit beschäftigt und vielfach zu leidenschaftlichen Erörterungen geführt hat. Daß aber bereits im 18. Jahrhundert die Preußische Gesetzgebung einen Versuch gemacht hat, diese schwierige Frage zu lösen, ist fast in Vergessenheit geraten. Friedrich der Große erließ am 15. Januar 1776 eine vom Großkanzler v. Fürst gegengezeichnete Verordnung, die den nicht ganz passenden Titel trägt: „Neue Verordnung um die Prozesse zu verkürzen." In dieser Verordnung (abgedruckt im Novum Corpus Constitutionum Prussico-Brandenburgensium praecipue Marchicarum oder Neue Sammlung Königlich Preußischer und Churfürstlich Brandenburgischer Ordnungen, Edikten, Mandaten, Reskripten 6. Bd. Nr. III S. 17 u. 18, Berlin 1781 gedruckt bei Joh. Michael Kunst; vgl. auch Silberschlag in „Gerichtssaal“ Bd. 35 S. 554) heißt es unter Nr. 9: „Ist eine des Verbrechens verdächtige Person in Untersuchung geraten, und ist, weil sie nicht überwiesen werden können, von fernerer Untersuchung abgestanden worden, so sollen, wenn im Verlauf der Zeit durch nachherige Begebenheiten die völlige Unschuld dieser Person entdeckt wird, solche nicht nur vollkommene Restitution der Kosten, sondern auch aus der Sportulkasse desjenigen Collegii, wo die Untersuchung geschwebt, eine nach Bewandnis der Umstände und der Verschiedenheit des Standes billig mäßig zu arbitrierende Vergütigungssumme erhalten, damit die nachher entdeckte Unschuld wegen allen bei der ersten Untersuchung erlittenen Ungemachs schadlos gestellt werde.“ Ob diese Verordnung vielfach zur Anwendung gekommen ist und wie sie sich bewährt hat, ist leider nicht bekannt. Fest steht nur, daß später der darin aufgestellte Grundsatz der Entschädigung unschuldig „in Untersuchung Geratener“ wieder aufgegeben und in die Preußische Kriminalordnung vom 11. Dezember 1805 nicht aufgenommen worden ist.

Die wissenschaftliche Erörterung der Frage der Entschädigung für unschuldig erlittene Haft ging in erster Linie von Frankreich aus.[1]) Hier setzte im Jahre 1781 die Akademie der Künste und schönen

[1]) Nach dem Bericht der X. Kommission, Berichterstatter Dr. v. Schwarze, Drucksache Nr. 267 des Reichstages 1882.

Wissenschaften zu Chalons an der Marne einen Preis aus für die beste Beantwortung folgender Frage: „Wenn die bürgerliche Gesellschaft eines ihrer Mitglieder durch die Organe des öffentlichen Ministeriums angeklagt hat und das letztere im Prozesse unterliegt, welches wären die ausführbarsten und am wenigsten kostspieligen Mittel, um dem für unschuldig erkannten Bürger die Entschädigung zu verschaffen, die ihm nach natürlichem Rechte gebührt?" Die beiden des Preises würdig befundenen Schriften, von denen die eine den bekannten späteren Girondisten Brissot zum Verfasser hatte, bestritten nicht die Befugnis der Behörden, den der Tat Verdächtigen zu verhaften und hierdurch den Erfolg der Untersuchung zu sichern, erachteten es aber für eine Forderung des „natürlichen Rechtes", daß demjenigen, der einen Schaden durch die Ausübung der Befugnis unverschuldet erlitten habe, eine Entschädigung gewährt werde. Zugleich wurde von ihnen die Behauptung aufgestellt, daß die Verweigerung der Entschädigung in Widerspruch stehe mit dem Gesellschaftsvertrage, aus dem die Befugnis abgeleitet werde. Seit jener Zeit ist zunächst unter König Ludwig XVI., der die Entschädigung für eine Schuld der Gesellschaft — une dette de la société — erklärte, und später wiederholt in Frankreich, vorzugsweise aber in Italien die Frage ausführlich erörtert worden. Hier haben sich insbesondere die Juristen Filangieri, Cremani, Carrara und Luchini für die Entschädigung ausgesprochen. Unter den späteren französischen Juristen hat sich außer Legraverend, Hélic und anderen auch Dupin in seinen Observations sur plusieurs points importans de notre legislation criminelle (1821) S. 289 ff. für die Entschädigung ausgesprochen. Er bemerkt: „Jede Handlung eines Menschen, die einem anderen einen Schaden zufügt, verpflichtet denjenigen, durch dessen Schuld er verursacht worden ist, ihn wieder gut zu machen.“ „Das ist richtig im Verhältnis der Bürger zueinander und im Verhältnis der Bürger zur Gesellschaft; warum sollte die Regel nicht gelten im Verhältnis der Gesellschaft zu den Bürgern?“ In ähnlicher Weise hat sich Luchini in seinem Buche: Il carcere praeventivo (1872 S. 258 ff.) ausgesprochen. Er sagt: „So oft die Gesellschaft ein Opfer, eine Einbuße, eine Beeinträchtigung der Interessen von einem ihrer Mitglieder fordert, darf sie sich in Hinsicht auf denselben nicht anders als wie ein einfacher Bürger stellen und muß ihm eine angemessene Entschädigung leisten.“ Auch in England ist die Frage der Entschädigung von Bentham und wiederholt im Parlamente zum Gegenstand der Erörterung gemacht worden, ohne daß sie jedoch dort zum Abschlusse gelangt ist.

Dagegen haben die Gesetzgebungen des Großherzogtums Toskana und des Königreiches beider Sizilien Bestimmungen erlassen, die die Entschädigung für unschuldig erlittene Haft anerkennen. Auch die

Gesetzgebung von 18 Schweizer Kantonen hat sich mit dem Gegenstande beschäftigt und die Entschädigung für die unverschuldete Haft zugebilligt.

Österreich gewährt seit 1892 eine Entschädigung für unschuldige Verurteilung („Gesetz vom 16. März 1892, betreffend die Entschädigung für ungerechtfertigt erfolgte Verurteilung," Reichsgesetzblatt für die im Reichsrate vertretenen Königreiche und Länder, Jahrg. 1892, XXIV. Stück, Nr. 64). S. Anhang S. 178.

In Deutschland hatten vor Geltung der Strafprozeßordnung einige süddeutsche Gesetzbücher (z. B. Württemb. StrPrO. v. 1868 Art. 484 Abs. 2, Bad. StrPrO. v. 1864 § 184) Bestimmungen über die Entschädigung unschuldig Verurteilter, sie wurden aber in die Deutsche Strafprozeßordnung nicht übernommen. Die Frage der Entschädigung für ungerechtfertigte Untersuchungshaft wurde in neuerer Zeit zunächst von Dr. Heinze in der Schrift „Das Recht der Untersuchungshaft" (Leipzig 1865) erörtert und zu Gunsten der Entschädigung beantwortet. Späterhin hat der Deutsche Juristentag die Frage wiederholt sehr eingehenden Besprechungen unterzogen. Im Jahre 1876 wurde dort folgender Antrag angenommen:

„Im Falle der Freisprechung oder der Zurückziehung der Anklage ist für die erlittene Untersuchungshaft eine angemessene Entschädigung zu leisten, es sei denn, daß der Angeklagte durch sein Verschulden während des Verfahrens die

Untersuchungshaft oder die Verlängerung desselben verursacht hat."

Im Jahre 1882 befaßte sich der Juristentag dann auch mit der Frage betreffs der unschuldig Verurteilten. Fast einstimmig sprach er sich dahin aus:

„Ist infolge einer Wiederaufnahme des Verfahrens zugunsten des Verurteilten auf Freisprechung desselben oder in Anwendung eines milderen Strafgesetzes auf eine geringere als die verbüßte Strafe erkannt worden, so ist derselbe berechtigt, aus der Staatskasse Genugtuung für die gänzliche oder teilweise Verbüßung der Strafe, sowie den Ersatz der infolge der Strafverbüßung entstandenen vermögensrechtlichen Nachteile zu verlangen. Der Anspruch entfällt, wenn der Verurteilte vorsätzlich die Verurteilung herbeigeführt hat."

Auch der Reichstag hat sich bereits seit mehr als zwei Jahrzehnten mit der Frage beschäftigt. Fast in jeder Session ist er seitdem mit Anträgen befaßt gewesen, die bezweckten, in der Reichsgesetzgebung den Grundsatz zur Anerkennung zu bringen, daß der Staat verpflichtet sei, Schadensersatz für die Nachteile zu gewähren, die jemand infolge eines ohne sein Verschulden gegen ihn eingeleiteten Strafverfahrens erleidet. Hierbei machten sich mehrfache Meinungsverschiedenheiten geltend, namentlich in der Richtung, ob es sich empfehle, auch für die erlittene Untersuchungshaft eine Entschädigung zu gewähren, oder ob es nicht richtiger sei, nur die Fälle einer zu Unrecht geschehenen Strafvollstreckung ins Auge zu fassen, ob jedem im Wiederaufnahmeverfahren Freigesprochenen ein Anspruch auf Entschädigung zuzugestehen sei oder nur demjenigen, dessen Unschuld zutage getreten, ob die Entschädigung auf den Ersatz der vermögensrechtlichen Nachteile, die durch die Strafvollstreckung verursacht sind, zu beschränken, sowie endlich darüber, wie das Verfahren für die Geltendmachung des Entschädigungsanspruches zu gestalten sei.

Zuerst wurde in der I. Reichstagssession 1881/82 von den Abgeordneten Frohme u. Gen. ein Antrag auf Vorlegung eines Gesetzentwurfs eingebracht, der dahin abzielt, unschuldig Verhaftete und Verurteilte sowie deren Angehörige für die durch erlittene Haft und Verurteilung erwachsenen Nachteile nach Möglichkeit zu entschädigen. (Nr. 70 der Drucksachen, S. 303 der Anlagen zum Stenogr. Bericht.) Dieser Antrag gelangte wegen Schlusses der Session nicht zur Beratung. Sodann wurden in den Jahren 1882 und 1883 von den Abgeordneten Dr. Philipps und Lenzmann Initiativanträge auf Einführung der staatlichen Entschädigungspflicht für zu Unrecht erlittene Straf- und Untersuchungshaft eingebracht. Der Antrag des Jahres 1882 kam nicht zur weiteren Erörterung, der des Jahres

1883 wurde einer Kommission überwiesen, die in langer Beratung zur Abfassung eines umfassenden Gesetzentwurfes gelangte. Der über die Kommissionsberatungen erstattete Bericht, der von dem hervorragenden Strafrechtskenner, dem K. Sächs. Generalstaatsanwalt Abgeordneten Dr. v. Schwarze abgefaßt ist, verdient besondere Beachtung, weil in ihm die Entschädigungsfrage eine eingehende geschichtliche und sachliche Erörterung gefunden hat. (S. S. 14 Anm.) Der damalige Gesetzentwurf gelangte zur Entschädigung für erlittene Untersuchungs- und Strafhaft. In späteren Legislaturperioden wurde der in der ersten Kommission verfaßte Entwurf wiederholt als Initiativantrag eingebracht, erlangte aber die Zustimmung des Bundesrates nicht. In der zweiten Session der VI. Legislaturperiode 1885/86 fand wiederum, in Anknüpfung an den Antrag des Abgeordneten Lenzmann, der gleichfalls die Entschädigung für die zu Unrecht erlittene Straf- und Untersuchungshaft verlangte, eine eingehende Erörterung der Entschädigungspflicht statt. Die mit der Beratung betraute Kommission entschied sich dafür, von der Untersuchungshaft abzusehen und verfaßte einen neuen Gesetzentwurf, der sich mit der Entschädigung für die Strafhaft begnügte, wenn im Wiederaufnahmeverfahren Freisprechung oder Strafumwandlung erfolgt ist. Auch der über diese Kommissionsberatung vom Abgeordneten Spahn erstattete

Bericht (Nr. 155 der Drucksachen der zweiten Session 1885/86 verdient besondere Erwähnung wegen der eingehenden Erörterung der für und wider die Entschädigung im allgemeinen und die Ausdehnung auf die Untersuchungshaft sprechenden Gründe. Dieser Gesetzentwurf wurde im Plenum des Reichstags ebenfalls fast einstimmig angenommen, im Bundesrat aber abgelehnt. In der Session 1892/93 brachte der Abgeordnete Dr. Rintelen einen Initiativantrag auf Entschädigung unschuldig Verurteilter ein in Verbindung mit einem Antrage auf Änderung des Wiederaufnahmeverfahrens. Wegen Auflösung des Reichstages gelangte dieser Antrag nicht mehr zur Erledigung.

Obgleich alle diese Anträge einen praktischen Erfolg nicht hatten, so ist ihnen doch das Verdienst nicht abzusprechen, daß sie die in den Juristen- und Laienkreisen wieder in Fluß gebrachte Entschädigungsfrage dahin zur Reife gebracht haben, daß ihre Berechtigung an sich und die Notwendigkeit der gesetzlichen Regelung mit wenigen Ausnahmen jetzt fast überall anerkannt wurde, und daß die Haupteinwendungen der Gegner, bestehend in finanziellen Bedenken und in der Befürchtung mißbräuchlicher Ausnutzung, für beseitigt gelten konnten, so daß im wesentlichen nur noch Meinungsverschiedenheiten über den Umfang der Entschädigungspflicht und das Verfahren bestanden.

Unter dem 13. Dezember 1895 wurde dem

Reichstag ein „Entwurf eines Gesetzes, betreffend Änderung und Ergänzung des Gerichtsverfassungsgesetzes und der Strafprozeßordnung" nebst Begründung vorgelegt, der (als Zusatzparagraphen §§ 413b bis 413f zu § 413 StrPrO.) auch Bestimmungen über die Entschädigung für unschuldig erlittene Bestrafung enthielt. (Drucks. d. Reichst. 1895/96 Bd. I Nr. 73, S. 14, 20ff., 52ff.) Nach diesem Entwurfe sollte zwar jede „im Wiederaufnahmeverfahren freigesprochene oder in Anwendung eines milderen Strafgesetzes mit einer geringeren Strafe belegte" Person Ersatz des Vermögensschadens beanspruchen können, den sie durch die erfolgte Strafvollstreckung erlitten habe. Gleichzeitig war aber auch eine Änderung des § 399 Nr. 5 StrPrO. dahin vorgeschlagen, daß nur solche Verurteilte die Wiederaufnahme des Verfahrens sollten erlangen können, bezüglich deren sich aus neuen Tatsachen oder Beweismitteln die Unschuld, sei es in betreff der Tat überhaupt, sei es hinsichtlich eines die Anwendung eines schwereren Strafgesetzes begründenden Umstandes ergebe. Die Vorlage scheiterte aber.

Am 26. November 1897 ging dann dem Reichstag ein „Gesetzentwurf betreffend die Entschädigung der im Wiederaufnahmeverfahren freigesprochenen Personen" zu, der in sechs Paragraphen diese wichtige Frage zu regeln versuchte. In der Begründung nahm die Vorlage

Bezug auf die früheren Gesetzentwürfe vom Jahre 1885/86 und 1895, in denen der Gegenstand behandelt und daraufhin im Reichstag und der für die Beratung bestellten Kommission eingehend erörtert war. In dem Berichte der XI. Kommission des Reichstages vom 20. April 1896 (IV. Session 1895/97, Drucksache Nr. 294) findet sich auch eine ausführliche Darlegung der betreffenden Anträge und Vorlagen, auf die hier verwiesen werden kann. Die erste Beratung des Gesetzentwurfs in der Plenarsitzung des Reichstages am 3. Dezember 1897 führte zu dem Beschlusse, ihn zur Vorberatung an eine Kommission von 14 Mitgliedern zu überweisen. (StenogrBer. 1897/98 Bd. I S. 39.) Die Kommission bestand aus den Abgeordneten Dr. Rintelen (Vorsitzender), Freiherr von Gültlingen (stellvertretender Vorsitzender), Dr. von Dziembowski-Pomian, Haase, Schmidt-Warburg (Schriftführern), und Beckh, Graf von Bernstorff-Lauenburg, Boltz, Himburg, Munckel, Dr. Pieschel, Roeren, Schwarze und Stadthagen. (S. 92 a. a. O.) Als Vertreter der verbündeten Regierungen nahmen an den Kommissionsberatungen teil:

1. Die Bevollmächtigten zum Bundesrat und Stellvertreter: Dr. Nieberding, Wirklicher Geheimer Rat, Staatssekretär des Reichsjustizamts, v. Schicker, K. Württembergischer Ministerialdirektor, Dr. Langfeld, Gr. Mecklenburg-Schwerinscher Ministerialrat; 2. die Kommissare des Bundes-

rates v. Lenthe, Kaiserl. Wirklicher Geheimer Oberregierungsrat, Dr. v. Tischendorf, Kaiserl. Geheimer Oberregierungsrat. Es wurden zwei Lesungen abgehalten, die erste in drei Sitzungen, die zweite in einer. Die Kommissionsberatung ergab nur einige unwesentliche Abänderungen der Regierungsvorlage; in der Schlußabstimmung wurde diese mit acht gegen fünf Stimmen angenommen.

Die zweite Beratung im Plenum des Reichstages fand in zwei Sitzungen statt. (50. Sitzung vom 25. Februar 1898 und 67. Sitzung vom 22. März 1898, StenogrBer. Bd. II, S. 1249 ff., Bd. III, S. 1689 ff.). Hier drehten sich die Erörterungen in erster Linie um die Hauptfrage, ob nur denjenigen ein Entschädigungsanspruch zugebilligt werden sollte, deren Unschuld zutage getreten ist, wie dies in § 1 der Regierungsvorlage und des aus der Kommissionsberatung hervorgegangenen Entwurfes vorgesehen war, oder ob die Entschädigungspflicht des Staates für alle Fälle einer Freisprechung eingeführt werden sollte, was in einem Antrage Auer (Drucks. d. Reichst. 1897/98, Bd. III, Nr. 137) verlangt wurde. Von den verbündeten Regierungen wurde dieser Antrag Auer für „unannehmbar" erklärt und das Scheitern des Gesetzes in Aussicht gestellt, wenn die Mehrheit des Reichstages diesen Antrag annehmen und beschließen sollte, daß schon die bloße Freisprechung im Wiederaufnahmeverfahren für die Zubilligung des Entschädigungsanspruches genüge. In der 50. Sitzung wurde zunächst der Antrag Auer abgelehnt. Die dann vom Abgeordneten Singer in der 67. Sitzung beantragte namentliche Abstimmung über den § 1 in der aus den Kommissionsberatungen hervorgegangenen Fassung ergab, daß § 1 der Kommissionsvorlage mit 171 gegen 36 Stimmen angenommen wurde. Die §§ 2—6 der Vorlage fanden im Plenum ohne weitere Erörterungen Annahme. (StenogrBer. Bd. III, S. 1691, 1695.) Schließlich wurde in der dritten Beratung der Gesetzentwurf nach den Beschlüssen der zweiten Lesung vom Reichstag unverändert angenommen. (StenogrBer. Bd. III, S. 1815.) Nachdem sodann unter dem 20. Mai 1898 das Gesetz betreffend die Entschädigung der im Wiederaufnahmeverfahren freigesprochenen Personen vom Kaiser vollzogen war, wurde es am 27. Mai 1898 durch das Reichs-Gesetzblatt (S. 345 ff.) verkündigt.

Bereits während der Beratung des Gesetzentwurfes betreffend die Entschädigung der im Wiederaufnahmeverfahren freigesprochenen Personen in der Kommission war als § 1a ein Antrag eingebracht worden, wonach Personen, gegen die Untersuchungshaft verhängt war, oder die sistiert worden sind, Entschädigung sollen beanspruchen können, wenn sie rechtskräftig freigesprochen oder außer Verfolgung gesetzt sind. Der Antrag, der zuerst mit sechs gegen fünf Stimmen angenommen war, wurde aber schließlich mit sieben gegen fünf Stimmen abgelehnt. Gleichzeitig wurde indessen von der Kommission einstimmig beantragt, dem Reichstage folgende Resolution zur Annahme zu empfehlen:

„An die verbündeten Regierungen das Ansuchen zu stellen, baldmöglichst einen Gesetzentwurf, betreffend die Entschädigung von solchen Personen, welche mit Unrecht Untersuchungshaft zu erleiden hatten, dem Reichstage vorzulegen.“ (Drucks. d. Reichst. 1897/98, Bd. III, Nr. 119, S. 14, 15.)

Die Resolution wurde vom Plenum des Reichstags in der 67. Sitzung vom 22. März 1898 ohne jede weitere Erörterung mit Einstimmigkeit angenommen. (StenogrBer. Bd. III, S. 1695) und am 23. Februar 1899 und am 21. März 1901 wiederholt und zwar zuletzt in Gestalt eines „dringenden“ Ersuchens. (StenogrBer. Bd. III, S. 2081 ff.). Unter dem 28. Januar 1904 legte der Reichskanzler dem Reichstag einen „Entwurf eines Gesetzes, betreffend die Entschädigung für unschuldig erlittene Untersuchungshaft“ nebst Begründung zur verfassungsmäßigen Beschlußnahme vor. (Drucks. d. Reichst. 1903/04, Nr. 202.) Daß die Vorlage verhältnismäßig spät an den Reichstag gelangt ist, darf keineswegs zurückgeführt werden auf eine Gleichgültigkeit der verbündeten Regierungen gegenüber dem Gedanken, der in der Vorlage vertreten wird. Lediglich die Schwierigkeiten der Ausgestaltung dieses Gedankens und der Feststellung der Einzelheiten des Entwurfes machen ein langsames und vorsichtiges Vorgehen auf diesem neuen und im wesentlichen noch unerforschten Gebiete erklärlich. Die verbündeten Regierungen, so heißt es in der Begründung zum Entwurfe, haben niemals verkannt, daß eine Entschädigung unschuldig in Untersuchungshaft genommener Personen unter Umständen durch die Billigkeit geboten sein kann. Demgemäß sind auch in einzelnen Staaten schon seit längerer Zeit Mittel bereit gestellt worden, aus denen in den geeigneten Fällen eine Entschädigung gewährt werden kann. Wenn gleichwohl bisher dem Wunsche des Reichstages nach einer gesetzlichen Regelung der Entschädigungsfrage nicht entsprochen worden ist, so beruhte dies auf den Schwierigkeiten, welche die Aufgabe bietet, den zu gewährenden Anspruch auf Entschädigung so zu begrenzen, daß den Forderungen der Gerechtigkeit wie den Interessen der Strafrechtspflege gleichmäßig Rechnung getragen wird. Daß diese Schwierigkeiten nicht gering sind, ist schon daraus zu entnehmen, daß bisher auch im Auslande trotz verschiedener Anläufe eine gesetzliche Regelung der Frage nur vereinzelt erreicht worden ist. Abgesehen von einigen schweizerischen Kantonen (Waud, Aargau, St. Gallen, Solothurn, Glarus und Basel-Stadt), deren eigenartige Verhältnisse manche für größere Staaten nicht annehmbare Einrichtungen gestatten, sind gesetzliche Vorschriften über die Entschädigung unschuldig verhafteter Personen nur in Schweden (Gesetz vom 12. März 1886), Norwegen (StrPrO. vom 1. Juli 1887 §§ 469 ff.), Dänemark (Gesetz vom 5. April 1888) und Ungarn (StrPrO. vom 4. Dezember 1896 §§ 576 ff.) ergangen. Aber auch in diesen Staaten sind die Anschauungen nur teilweise zur Geltung gelangt, die den gleichen Bestrebungen bei uns zugrunde liegen und einen im Wege Rechtens verfolgbaren Anspruch auf Schadloshaltung gewähren wollen. Insbesondere erfolgt in Ungarn die Erörterung der Entschädigungsansprüche zwar im gerichtlichen Verfahren, die Entscheidung auf Grund dieser Erörterungen ist aber ausnahmslos dem den persönlichen und sachlichen Umständen des Einzelfalles fernstehenden obersten Gerichtshofe des Landes überwiesen, und auch ihm steht bei der Anerkennung eines Entschädigungsanspruches nicht die Entscheidung über die Höhe der Entschädigung zu, vielmehr ist diese Entscheidung lediglich dem Justizminister vorbehalten. In Schweden hat die Prüfung über die Berechtigung der Entschädigungsansprüche und über das Maß der Entschädigung ausschließlich durch die Justizverwaltung zu erfolgen, während die endliche Entschließung auf Grund jener Prüfung dem Könige verbleibt.

Der Regierungsentwurf beruht im wesentlichen

auf folgenden Grundsätzen: 1. Entschädigung wird immer nur solchen Personen gewährt, die aus der Untersuchungshaft hervorgehen, befreit von jedem begründeten Verdacht der Tat, deren man sie bezichtigte, d. h. nur solchen Personen, deren Unschuld nachgewiesen ist.

2. Entschädigung wird nur denjenigen gewährt, gegenüber denen das Verfahren durch eine gerichtliche Entscheidung zum Abschlusse gebracht ist, nicht aber auch denjenigen, die nur durch Verfügung der Staatsanwaltschaft aus dem Strafverfahren entlassen sind.

3. Entschädigung wird nicht gewährt, wenn der verhaftet Gewesene die Untersuchungshaft vorsätzlich herbeigeführt oder durch grobe Fahrlässigkeit verschuldet hat; außerdem kann die Entschädigung ausgeschlossen werden, wenn das Verhalten des Verhafteten derart war, daß es, wenngleich nicht formell strafbar, sich doch mit den Gesetzen der Sittlichkeit — dies Wort in weiterem Sinne von Ehre, Sitte und Anstand genommen — nicht vereinbaren läßt, oder wenn der Verhaftete infolge bestimmter Vorstrafen an einem schlechten Leumunde leidet.

4. Entschädigung wird nur gewährt für wirtschaftlichen Schaden, für die Schädigung des Vermögens des Verhafteten.

Die erste Beratung des Entwurfs im Plenum des Reichstages nahm zwei Sitzungen in Anspruch

(23. Sitzung vom 3. Februar und 24. Sitzung vom 4. Februar 1904). Sie endete mit dem Beschlusse, den Gesetzentwurf der aus 14 Mitgliedern bestehenden VII. Kommission zur Vorberatung zu überweisen. Die Kommission trat am 5. Februar zusammen und wählte zum Vorsitzenden den Abgeordneten Himburg, zum Stellvertreter des Vorsitzenden den Abgeordneten de Witt (Köln), zu Schriftführern die Abgeordneten Dr. Bärwinkel und Schickert, zum Berichterstatter den Abgeordneten Burlage. Außerdem gehörten der Kommission an die Abgeordneten Bargmann, Frohme, Hagemann, Itschert, Metzger, Mommsen — an dessen Stelle zeitweilig Storz trat —, Prüschenk v. Lindenhofen, Schmidt (Warburg) und Stadthagen. Als Vertreter der verbündeten Regierungen nahmen an den Beratungen teil: 1. die Bevollmächtigten zum Bundesrate: Dr. Nieberding, Wirklicher Geheimer Rat, Staatssekretär des Reichsjustizamtes, Ritter von Schneider, K. bayerischer Ministerialrat, Dr. Fischer, K. sächsischer Geheimer Rat, Ministerialdirektor, Dr. Börner, K. sächsischer Geheimer Rat, Ministerialdirektor, v. Schicker, K. württembergischer Präsident, Dr. Paulssen, Gr. sächsischer Geheimer Legationsrat; 2. die Kommissare des Bundesrates: Dr. v. Tischendorf, Kais. Geheimer Ober-Regierungsrat, Dr. Felisch, Kais. Geheimer Admiralitätsrat, Dr. Anderheiden, Kais. Wirk-

licher Legationsrat, Jahn, Kais. Geheimer Regierungsrat, Dr. Frenken, K. preußischer Geheimer Ober-Justizrat, Dr. Romen, K. preußischer Geheimer Kriegsrat.

Es fanden zwei Lesungen statt, von denen die erste sieben Sitzungen, die zweite eine in Anspruch nahm. Im Mittelpunkte der Beratungen stand in beiden Lesungen die Frage, ob auch denjenigen Personen, die nicht durch eine Entscheidung des Gerichtes, sondern durch eine Verfügung der Staatsanwaltschaft aus dem Strafverfahren entlassen würden, ein gesetzlicher Entschädigungsanspruch für unschuldig erlittene Untersuchungshaft zu gewähren sei. In der Kommission wurde die Ansicht, nach der die Frage zu bejahen ist, von verschiedenen Seiten lebhaft verfochten und dabei hervorgehoben, daß es der Billigkeit und einer ausgleichenden Gerechtigkeit entspreche, auch den im staatsanwaltschaftlichen Ermittelungsverfahren verhafteten und wieder aus der Untersuchungshaft entlassenen Personen, deren Sache nicht durch eine gerichtliche Entscheidung ihr Ende finde, den gesetzlichen Entschädigungsanspruch zu verschaffen. Gerade in Ansehung der bezeichneten Verhafteten seien die Fälle zahlreich, in denen die Unschuld klar dargetan werde. Sehr oft machten schon die ersten vom Staatsanwalt selbst vorgenommenen Ermittelungshandlungen es offensichtlich, daß die Berichte der Hilfsorgane der Staatsanwaltschaft, auf deren Inhalt der Haftbefehl beruht habe, unhaltbar seien. Man könne mit Recht behaupten, daß durchweg die hier in Betracht kommenden Verhafteten weniger belastet seien, als diejenigen, gegen welche die Staatsanwaltschaft die öffentliche Klage erhebe. Es müsse deswegen Unzufriedenheit hervorrufen, wenn denjenigen Verhafteten, die so wenig verdächtig wären, daß die Staatsanwaltschaft ohne weiteres das Verfahren beendige und sie freilasse, keine Entschädigung zugestanden werde, während die mehr Verdächtigen, gegen die eine Voruntersuchung oder gar das Hauptverfahren eröffnet worden sei, entschädigt würden. Soweit die Klage durch den Antrag auf gerichtliche Voruntersuchung erhoben werden könne, sei noch besonders darauf hinzuweisen, daß oft äußere Umstände, insbesondere die Arbeitslast des jeweils beteiligten Staatsanwaltes die Entscheidung der Frage beeinflußten, ob die Sache im Ermittelungsverfahren weitergeführt oder in die Voruntersuchung übergeleitet werden solle. Diesen Ausführungen trat die Kommission durchweg bei, und ein demgemäß gestellter Antrag, auch den durch Verfügung der Staatsanwaltschaft aus dem Strafverfahren Entlassenen für eine unschuldig erlittene Untersuchungshaft einen gesetzlichen Entschädigungsanspruch zu gewähren, fand fast ungeteilte Zustimmung in der Kommission. Den entgegengesetzten Standpunkt vertrat mit Entschiedenheit der Staatssekretär des Reichsjustizamtes. Von seiten der Regierung könne man keineswegs anerkennen, daß gerade die schon im staatsanwaltschaftlichen Vorverfahren aus der Untersuchungshaft entlassenen Personen in erster Reihe Anspruch auf Entschädigung hätten, weil bei ihnen die Unschuld so schnell ans Tageslicht gekommen sei. Schon dieser Grund treffe nicht zu, indem die Dauer der Haft sehr häufig von Umständen beeinflußt werde, die mit dem persönlichen Verschulden des Verhafteten nichts zu tun hätten, und indem in nicht seltenen Fällen die Entlassung aus der Untersuchungshaft, auch wenn diese rasch ende, durchaus nicht eine Anerkennung der Unschuld des aus der Haft Entlassenen in sich schließe. Entscheidend sei aber, daß das Gesetz zunächst an diejenigen denken müsse, die von der Untersuchungshaft am schwersten betroffen würden, und das seien diejenigen, die längere Zeit sich in Haft befunden hätten, deren Haft somit am nachhaltigsten auf die öffentliche Meinung wirke und besonders große Schädigungen für die Betroffenen selbst mit sich bringe. Eine gesetzliche Pflicht der Entschädigung für solche Untersuchungshaft, die schon im staatsanwaltschaftlichen Vorverfahren wieder aufgehoben werde, könne überhaupt nur unter folgenden Voraussetzungen zur Verhandlung gestellt werden. Es müsse das Verfahren gegen die verhaftet gewesene Person von dem Staatsanwalt endgültig eingestellt sein; denn es sei ausgeschlossen, einer Person für Untersuchungshaft eine Entschädigung zu bewilligen, solange die Möglichkeit bestehe, daß diese Person wegen des Verhaltens, das zu der Untersuchungshaft geführt habe, abermals verfolgt und dann verurteilt werde. Wenn man aber eine solche Möglichkeit abschneiden wolle, so könne das nur geschehen durch einen gerichtlichen Beschluß, der die gleichen Garantien biete, wie der gerichtliche Beschluß nach der Eröffnung der Voruntersuchung oder nach Einreichung der Anklageschrift. Ob das erreichbar sei, bilde eine schwierige Frage, die nicht bei gegenwärtiger Gelegenheit, sondern nur im Rahmen einer strafprozessualen Reform beantwortet werden könne. Bei dieser Sachlage sei die Regierung geradezu genötigt gewesen, den Entschädigungsanspruch auszuschließen, falls nicht ein gerichtlicher Beschluß den Verhafteten außer Verfolgung gesetzt habe. Auf einem Gebiete, auf dem die Gesetzgebung sich auch außerhalb Deutschlands bisher so wenig betätigt habe, könne die Regierung nur sehr vorsichtig vorgehen. Sie könne keinen Schritt tun, von dem sie nicht sicher sei, daß sie ihn nicht zurückzutun brauche. Es solle nicht verkannt werden, daß in gewissen Untersuchungsfällen, die über das staatsanwaltschaftliche Ermittelungsverfahren nicht hinausgewachsen seien, die Gewährung einer Entschädigung der Billigkeit entspreche. Solchen Fällen könnten jedoch die Justizverwaltungen der einzelnen Bundesstaaten mit Hilfe der für diese Zwecke bereit stehenden Mittel gerecht werden. Indessen trotz dieser Ausführungen des Staatssekretärs wurde der Antrag, auch den schon im staatsanwaltschaftlichen Vorverfahren wieder aus der Untersuchungshaft entlassenen Personen einen Anspruch auf Entschädigung zu gewähren, von der Kommission in erster Lesung mit allen gegen eine Stimme angenommen. Gegenüber diesem Beschlusse der Kommission gab der Staatssekretär des Reichsjustizamtes bei der Beratung in zweiter Lesung folgende Erklärung ab: Er glaube zur Klärung der Lage beizutragen, wenn er schon jetzt keinen Zweifel darüber lasse, daß die verbündeten Regierungen der in erster Lesung beschlossenen Erweiterung der Entschädigungspflicht nicht zustimmen würden. Bereits durch den vorliegenden Gesetzentwurf seien die Regierungen, durch rein sachliche und nicht durch taktische Erwägungen geleitet, mehrfach über dasjenige hinausgegangen, was im Reichstage die Mehrheit der Parteien früher gefordert habe; sie seien dem Reichstage weit entgegengekommen. Daß sie so weit, wie geschehen, gegangen seien, habe sogar im Auslande, wo man sich für die Lösung dieser legislatorischen Frage vielfach interessiere, Überraschung hervorgerufen. Die Regierungen seien auch weitergegangen, als die wenigen größeren Staaten, die schon eine ältere Gesetzgebung auf diesem Gebiete besäßen. Das Reich trete mit dem vorliegenden Entwurf an die Spitze der ganzen Reformbewegung. D a ß d i e v e r b ü n d e t e n R e g i e r u n g e n s i c h n o c h w e i t e r d r ä n g e n l a s s e n würden, sei ganz ausgeschlossen; lieber würden sie auf den ganzen Entwurf verzichten. Der Reichstag könne das jetzt Gebotene gleichsam als Abschlagszahlung unbedenklich annehmen, da jedenfalls bei der in Aussicht stehenden Reform der Strafprozeßordnung eine erneute Prüfung der Materie erfolgen werde. Bei dieser Sachlage schien das Zustandekommen des Gesetzes in hohem Maße gefährdet. Gegenüber der entschiedenen Erklärung des Staatssekretärs des Reichsjustizamtes, daß der Kommissionsbeschluß auf Erweiterung der Entschädigungspflicht für die verbündeten Regierungen unannehmbar sei, stand die Kommission vor der Frage, ob sie auf ihrem Standpunkte beharren und dadurch den ganzen Gesetzentwurf zugrunde gehen lassen wollte, oder ob sie nicht vielmehr in diesem Punkte der Auffassung der Regierungen nachgeben und so wenigstens dem weitaus größten Teile der unschuldig Verhafteten — nach der Angabe des Staatssekretärs des Reichsjustizamtes mindestens $^5/_6$ — den Entschädigungsanspruch verschaffen sollte. Es muß als ein besonderes Verdienst der Kommission bezeichnet werden, daß sie sich bei diesem „Entweder-Oder“ für das zweite entschieden hat. Zutreffend führte ein Kommissionsmitglied aus: „Wenn die Frage gestellt werde, ob es gerechtfertigt sei, an dem Umstande, daß kaum der sechste Teil aller nicht verurteilten Verhafteten von der unmittelbaren Wirkung des

Gesetzes unberührt bleibe, den ganzen Gesetzentwurf zugrunde gehen zu lassen, so müsse diese Frage verneint werden. Eine solche Stellungnahme sei um so weniger schwer zu verantworten, als zweifellos schon das Dasein des neuen Gesetzes allein die Folge haben werde, daß für den vom Gesetze nicht betroffenen Rest der Haftfälle die freiwillige Entschädigung aus den in den einzelnen Bundesstaaten bereit gestellten Mitteln — die übrigens schon bisher nicht nach fiskalischen Rücksichten verwaltet worden seien — in erheblich größerem Umfange als früher eintrete. Die Schaffung des im Entwurfe vorliegenden Gesetzes müsse als ein höchst bedeutsamer Schritt betrachtet werden, der dem Ziele zuführe, sämtlichen unschuldig Verhafteten einen Entschädigungsanspruch zu gewähren — ein Ziel, das hoffentlich bei der bevorstehenden Reform der Strafprozeßordnung auf dem Boden der mit dem neuen Gesetze zu machenden Erfahrungen voll zu erreichen sein werde." Dementsprechend wurde in der zweiten Lesung die Regierungsvorlage (mit 9 gegen 5 Stimmen) wiederhergestellt und demgemäß der Entschädigungsanspruch auf den Kreis der Freigesprochenen oder durch Beschluß des Gerichtes außer Verfolgung gesetzten Personen beschränkt. Durch diese Verständigung über eine der wesentlichsten Bestimmungen des Entwurfes war das Zustandekommen des Gesetzes gesichert.

Auch in der zweiten Lesung im Plenum des

Reichstages (83. Sitzung vom 4. Mai und 84. Sitzung vom 5. Mai 1904) bildete den Hauptgegenstand der Erörterungen die Frage, ob der Entschädigungsanspruch allen unschuldig Verhafteten, also auch den durch Verfügung der Staatsanwaltschaft aus dem Strafverfahren Entlassenen als klagbares Recht zugebilligt werden sollte. Die verbündeten Regierungen verblieben auf ihrem früheren Standpunkte, daß der Anspruch nur denjenigen gewährt werden dürfe, gegenüber denen das Verfahren durch gerichtliche Entscheidung zum Abschlusse gebracht und deren Unschuld erwiesen ist. Die Mehrheit des Reichstages schloß sich dann diesem Standpunkte an. Der Entwurf wurde, von wenigen unwesentlichen Änderungen abgesehen, nach den Beschlüssen der Kommission in der zweiten Lesung angenommen.

Die dritte Beratung des Entwurfes fand in der 90. Plenarsitzung des Reichstages vom 13. Mai 1904 statt. Ohne wesentliche Erörterungen wurde der Entwurf mit Stimmenmehrheit angenommen. (StenogrBer. S. 2893.) Der Bundesrat trat ihm am 23. Juni bei. Nachdem sodann das Gesetz am 14. Juli vom Kaiser ausgefertigt war, wurde es am 29. Juli durch das Reichs-Gesetzblatt verkündigt.

Mit den beiden Gesetzen von 1898 und 1904 hat das Deutsche Reich einen bedeutsamen Schritt getan; es ist viel weitergegangen, als irgend ein anderer größerer Staat, der schon eine ältere Gesetzgebung auf diesem Gebiete hat. Wenn nun auch in den jetzt vorliegenden Gesetzen nicht, wie es vielfach angestrebt worden ist, allen unschuldig in ein Strafverfahren verwickelten Personen ein Rechtsanspruch auf Entschädigung zugestanden wird, so ist doch der Kreis derer, denen er versagt geblieben ist, nur noch ein verschwindend kleiner. Daß auch diesen in absehbarer Zeit ein gesetzlicher Entschädigungsanspruch gewährt werden wird, kann als feststehend angesehen werden. Der Staatssekretär des Reichsjustizamtes erklärte in der Sitzung vom 4. Mai 1904 (StenogrBer. S. 2671), es sei seine Überzeugung, daß die verbündeten Regierungen der weiteren Ausgestaltung der in den Gesetzen niedergelegten Grundgedanken durchaus wohlwollend gegenüberstehen. Sofern die praktischen Erfahrungen sich als günstig herausstellen, ist der weitere Ausbau der beiden Gesetze sicher zu erhoffen, ein Wunsch, der sich vielleicht schon bei der bevorstehenden „Reform“ der Strafprozeßordnung wird erfüllen lassen.

B. Besonderer Teil.

I.

Gesetz, betreffend die Entschädigung für unschuldig erlittene Untersuchungshaft.

Vom 14. Juli 1904 (RGBl. S. 321.)

Quellen: Entwurf eines Gesetzes, betreffend die Entschädigung für unschuldig erlittene Untersuchungshaft, nebst Begründung. Drucksachen des Reichstages 1903/04 Nr. 202.

Erste Beratung: 23. Sitzung vom 3. Februar 1904 und 24. Sitzung vom 4. Februar 1904. StenogrBer. S. 644 ff., 667 ff.

Bericht der VII. Kommission über den Entwurf. Drucksachen des Reichstages 1903/04 Nr. 370.

Zweite Beratung: 33. Sitzung vom 4. Mai 1904 und 34. Sitzung vom 5. Mai 1904. StenogrBer. S. 2661 ff., S. 2681 ff.

Dritte Beratung: 90. Sitzung vom 13. Mai 1904. StenogrBer. S. 2883 ff.

§ 1. Personen, die im Strafverfahren freigesprochen oder durch Beschluß des Gerichts außer Verfolgung gesetzt sind, können für erlittene Untersuchungshaft Entschädigung aus der Staatskasse verlangen, wenn das Verfahren ihre Unschuld ergeben oder dargetan hat, daß gegen sie ein begründeter Verdacht nicht vorliegt.

Außer dem Verhafteten haben diejenigen, denen gegenüber er kraft Gesetzes unterhaltspflichtig war, Anspruch auf Entschädigung.

1. Die Gewährung eines Rechtsanspruchs auf Entschädigung für erlittene Untersuchungshaft ist vom Gesetz an folgende Voraussetzungen geknüpft:

a) der Verhaftete muß im Strafverfahren freigesprochen oder durch gerichtlichen Beschluß außer Verfolgung gesetzt sein;

b) das Verfahren muß die Unschuld des Verhafteten ergeben oder, was gleichbedeutend sein soll, dargetan haben, daß gegen ihn ein begründeter Verdacht nicht vorliegt;

c) der Verhaftete darf den Entschädigungsanspruch nicht aus einem der in § 2 vorgesehenen Ausschließungsgründe selbst verwirkt haben.

2. Das Gesetz gewährt nur den durch eine Entscheidung des Gerichtes, nicht aber auch den durch eine Verfügung der Staatsanwaltschaft aus dem Strafverfahren entlassenen Personen einen klagbaren Rechtsanspruch auf Entschädigung für unschuldig erlittene Untersuchungshaft. Neben den durch Urteil Freigesprochenen kommen hiernach für die Gewährung des gesetzlichen Entschädigungsanspruches nur noch diejenigen Personen in Betracht, die durch Beschluß des Gerichts außer Verfolgung gesetzt sind. Wenn das Gesetz von „Außerverfolgungsetzen" spricht, so ist damit, wie durch die Begründung der Regierungsvorlage und die übereinstimmenden Feststellungen in der Kommission festgelegt worden ist, nicht bloß die Außerverfolgungsetzung im technischen Sinne der StrPrO. (§§ 196, 202, 206) ge-

meint (S. auch StenogrBer. 84. Sitzung S. 2691 C). Vielmehr sind unter den „durch Beschluß des Gerichts außer Verfolgung Gesetzten" alle Personen zu verstehen, hinsichtlich deren die Eröffnung der Voruntersuchung oder des Hauptverfahrens abgelehnt worden ist, und zwar im letzteren Falle ohne Unterschied, ob eine Voruntersuchung vorausging oder nicht. Der Gebrauch der Worte „außer Verfolgung zu setzen" ist zwar nur für den Fall, daß eine Voruntersuchung stattgefunden hat, in der StrPrO. ausdrücklich vorgeschrieben (§ 202 Abs. 2); der Ausdruck umfaßt aber der Sache nach zugleich die Fälle, in denen der Antrag auf Eröffnung der Voruntersuchung wegen Unzulässigkeit der Strafverfolgung, oder weil die im Antrage bezeichnete Tat unter kein Strafgesetz fällt, abgelehnt (§ 178) oder auf unmittelbare Anklageerhebung die Nichteröffnung des Hauptverfahrens beschlossen wird (§ 202 Abs. 1). Auch an anderen Stellen der StrPrO. wird der Ausdruck im weiteren Sinne gebraucht (vgl. §§ 123, 499, 503 Abs. 2).

b) Die Fälle, in denen der Antrag auf Voruntersuchung lediglich aus dem formellen Grunde der Unzuständigkeit des Gerichtes oder der Unzulässigkeit der Voruntersuchung (§§ 178, 176 StrPrO.) abgelehnt wird, kommen für den Entschädigungsanspruch nicht in Betracht.

c) Ebenso sind die Fälle der Einstellung des Verfahrens durch Urteil gemäß §259 Abs. 2 StrPrO. im Gesetz nicht berücksichtigt worden, weil der bloße Mangel des zur Verfolgung erforderlichen Strafantrages nicht geeignet ist, die Unschuld zu begründen, und weil im übrigen in diesen Fällen die Unschuld regelmäßig nicht dargetan sein wird. Wegen Straffreierklärung s. S. 94.

d) Wenn das Verfahren durch Verfügung der Staatsanwaltschaft eingestellt wird (§ 168 StrPrO.), so steht dem verhaftet Gewesenen ein klagbares Recht auf Entschädigung nicht zu. Ein dahin gehender Antrag der Kommission wurde von den Vertretern der verbündeten Regierungen wiederholt als unannehmbar bezeichnet. Das schließt aber nicht aus, daß in denjenigen Fällen der bezeichneten Art, in denen die Gewährung einer Entschädigung der Billigkeit entsprechen würde, im Verwaltungswege doch eine Entschädigung bewilligt wird. Schon in der Begründung des Entwurfes ist in dieser Beziehung „auf Grund eines formellen Beschlusses der verbündeten Regierungen" (StenogrBer. 88. Sitzung S. 2671) ausdrücklich ausgesprochen: „Es soll keineswegs in Abrede gestellt werden, daß auch in Fällen der Einstellung des Verfahrens durch Verfügung der Staatsanwaltschaft die Gewährung einer Entschädigung für unschuldig erlittene Untersuchungshaft der Billigkeit entsprechen kann. Insoweit muß die Frage der Entschädigung der Justizverwaltung vorbehalten bleiben, die auf Grund einer unbefangenen Würdigung der tatsächlichen Verhältnisse im einzelnen Falle am besten in der Lage ist, allen Forderungen der Billigkeit Rechnung zu tragen. In allen Bundesstaaten werden Mittel bereit stehen, aus denen die Entschädigung gewährt werden kann." Eine gleiche Erklärung ist dann von dem Staatssekretär des Reichsjustizamtes im Laufe der Verhandlungen über das Gesetz wiederholt abgegeben worden. Nur ein gerichtlich verfolgbares Recht sollte in solchen Fällen durch das Gesetz nicht zugestanden werden (S. Begründung S. 8, KomBer. S. 4, 24. StenogrBer. 88. Sitzung v. 4. Mai 1904 S. 2671 C.)

3. Der Begriff der „Untersuchungshaft" umfaßt nicht auch ohne weiteres die vorläufige Festnahme und die Vorführung. In der Kommission war in erster Lesung beantragt worden, dem Abs. 1 des § 1 folgenden zweiten Satz hinzuzufügen: „Der Untersuchungshaft steht gleich die vorläufige Festnahme und die Vorführung." Diesem Antrage wurde seitens der Regierung widersprochen, er wurde aber mit 12 gegen 2 Stimmen

angenommen, nachdem zuvor noch seitens der Antragsteller betont war, daß sie bei Einbringung des Antrages in erster Linie diejenige vorläufige Festnahme und diejenige Vorführung im Auge gehabt hätten, auf die eine Verhaftung folge (KomBer. S. 9 u. 10). In der zweiten Kommissionsberatung wurde dann folgender Antrag eingebracht: „Hat vor dem Erlasse des Haftbefehles eine Vorführung oder eine vorläufige Festnahme stattgefunden, so erstreckt sich der Entschädigungsanspruch auch auf die dem Haftbefehle vorausgegangene Zeit der Haft." Von den Antragstellern wurde dazu erklärt, daß es sich hierbei im wesentlichen nur um eine Wiederholung des Inhaltes des in erster Lesung angenommenen Antrages handle. Zugleich wurde beantragt, die neue Bestimmung dem § 8 anzufügen, da sie mit diesem in näherer Verbindung stehe als mit § 1. Der Antrag wurde einstimmig angenommen und ist dann wörtlich in § 8 des Gesetzes übergegangen (KomBer. S. 25, 26). Hiernach kann also für den durch unschuldig erlittene vorläufige Festnahme oder Vorführung entstandenen Vermögensschaden nur dann ein Ersatz beansprucht werden, wenn sich an die Festnahme oder Vorführung der Erlaß eines Haftbefehls anschließt. Wird aber der vorläufig Festgenommene oder Vorgeführte entlassen, ohne daß ein Haftbefehl nachfolgt, so steht ihm ein Entschädigungsanspruch nicht zu.

4. a) Nach dem Vorbilde des Gesetzes betreffend die Entschädigung der im Wiederaufnahmeverfahren freigesprochenen Personen, vom 20. Mai 1898 ist auch hier bestimmt worden, daß eine Entschädigung nur solchen Personen gewährt werden darf, deren Unschuld sich herausgestellt hat. Bleibt ein begründeter Verdacht bestehen und ist die Freisprechung nur erfolgt, weil der geführte Beweis zu einer Verurteilung nicht ausreichte, so besteht ein Entschädigungsanspruch nicht. Es würde dem Rechtsbewußtsein zuwiderlaufen, wenn auch solche

Personen aus Staatsmitteln entschädigt werden müßten, die aus dem Verfahren hervorgehen, ohne von dem auf ihnen lastenden Verdachte befreit zu sein, und die nicht selten trotz ihrer Freisprechung von der Volksstimme als Schuldige bezeichnet werden.

b) Von einer näheren Bestimmung des Begriffes „Unschuld" im Gesetze selbst ist wegen der Mannigfaltigkeit der in Betracht kommenden Fälle abgesehen worden. In der Begründung (S. 6) ist er aber ausführlich erörtert. Das Gesetz geht, so heißt es dort, davon aus, daß es zur Feststellung der Unschuld nicht des positiven Beweises bedarf, daß der Angeklagte die ihm zur Last gelegte Tat nicht begangen hat, daß die Tat also entweder überhaupt nicht oder von einem anderen begangen ist oder daß sonstige Umstände vorliegen, die die Möglichkeit ausschließen, daß der Angeklagte die Tat begangen haben könnte. Vielmehr soll es genügen, wenn der gegen den Verhafteten vorhanden gewesene Verdacht vollständig beseitigt ist. Dies wird dadurch zum Ausdrucke gebracht, daß dem Nachweise der Unschuld der Fall gleichgestellt ist, daß ein begründeter, d. h. ein auf tatsächlichen Unterlagen beruhender Verdacht nicht vorliegt.

Im Gegensatz zu Schuldausschließungsgründen sind bloße Strafausschließungsgründe und der bloße Mangel von Voraussetzungen oder Bedingungen der Strafverfolgung nicht geeignet, die Unschuld und demgemäß einen Entschädigungsanspruch des Freigesprochenen zu begründen. Als Beispiele werden hierfür in der Begründung angeführt die Fälle der §§ 4 bis 6 StrGB. (Unzulässigkeit der Strafverfolgung wegen Begehung im Auslande), der §§ 61, 64 (mangelnder Strafantrag, Zurücknahme des Strafantrags) und des § 66 (Verjährung). Ferner gehören dahin die persönlichen Strafausschließungsgründe bei einzelnen Deliktsarten (vgl. §§ 173, 209, 247, 257) sowie der Mangel der Ermächtigung in den Fällen der

§§ 99, 101, 197 oder der Verbürgung der Gegenseitigkeit in den Fällen der §§ 102, 103. Auch die Fälle, in denen der Grundsatz der Spezialität der Auslieferung der Strafverfolgung entgegensteht, kommen hier in Betracht. Es würde der Billigkeit nicht entsprechen, eine Entschädigung Personen zu gewähren, die eine an sich für strafwürdig erklärte Handlung begangen haben und nur deshalb Freisprechung erlangen, weil Umstände vorliegen, die die Straflosigkeit begründen oder eine Strafverfolgung ausschließen. Anders liegt die Sache, wenn Freisprechung wegen Mangels des erforderlichen subjektiven Tatbestandes (§ 59 StrGB.) oder eines anderen Schuldausschließungsgrundes, insbesondere wegen solcher Umstände erfolgt, von denen das Gesetz annimmt, daß bei dem Vorliegen derselben eine strafbare Handlung überhaupt nicht gegeben ist (vgl. §§ 51 bis 54 StrGB.). Ist die Freisprechung aus einem derartigen Grunde erfolgt, so kommt es darauf an, ob das Gericht das Vorhandensein des Schuldausschließungsgrundes für erwiesen erachtet, z. B. die Überzeugung gewonnen hat, daß der Angeklagte die Tat in einem seine freie Willensbestimmung ausschließenden Zustande von Bewußtlosigkeit oder krankhafter Störung der Geistestätigkeit verübt hat. Solchenfalls ist der Freigesprochene in rechtlicher wie in tatsächlicher Beziehung als unschuldig anzusehen und es wird ihm ein Entschädigungsanspruch innerhalb der in der Vorlage gezogenen Grenzen nicht zu versagen sein. Ist dagegen der Schuldausschließungsgrund zugunsten des Beschuldigten nur wegen vorhandener Zweifel angenommen worden, ist also in dem angeführten Beispiele das Gericht zur Freisprechung nur deshalb gelangt, weil es bei sich widersprechenden Gutachten der Sachverständigen die Unzurechnungsfähigkeit des Angeklagten zur Zeit der Tat nicht für ausgeschlossen erachtete, so kann die Unschuld nicht für dargetan gelten und muß die Entschädigung entfallen.

Die Grenze zwischen eigentlichen Schuldausschließungsgründen und bloßen Strafausschließungsgründen kann in einzelnen Beziehungen zu Zweifeln Anlaß geben, zumal der 4. Abschnitt des Strafgesetzbuches unter der Überschrift: „Gründe, welche die Strafe ausschließen" Fälle beiderlei Art zusammenfaßt. Im einzelnen Falle wird schon das allgemeine Rechtsbewußtsein die richtige Grenze finden lassen. Erfahrungsmäßig hat denn auch der Umstand, daß auch im Gesetze vom 20. Mai 1898 der Begriff der Unschuld nicht näher bestimmt ist, in der Praxis noch nicht zu irgendwelchen Schwierigkeiten oder Unbilligkeiten geführt. Immer aber wird auch hier der Satz gelten müssen: in dubio mitius.

c) Die dem Gesetze vom 20. Mai 1898 nachgebildeten Worte: „oder dargetan hat, daß ein begründeter Verdacht nicht vorliegt" enthalten eine Beweispräsumtion, indem die Unschuld schon dann als dargetan gelten soll, wenn die vorhanden gewesenen Verdachtsgründe beseitigt sind. Mit den Worten „begründeter Verdacht" hat keineswegs ein besonderer Grad des Verdachts („hinreichender" oder „dringender" Verdacht, §§ 201 und 112 StrPrO.) verlangt, vielmehr lediglich zum Ausdruck gebracht werden sollen, daß der Verdacht ein „auf tatsächlichen Unterlagen und nicht auf vagen Mutmaßungen beruhender" sein muß (Begründung S. 7 StenogrBer. 84. Sitzung S. 2699 A). Im Gesetz vom 20. Mai 1898 hat man es für zweckmäßig erachtet, dieses an sich selbstverständliche Erfordernis besonders zum Ausdruck zu bringen, um zu verhüten, daß ein Freigesprochener auf Grund vager Vermutungen noch als verdächtig angesehen werde; diesem Vorgange ist hier gefolgt. Im übrigen ist, wie in der Kommission allseitig anerkannt wurde, davon auszugehen, daß nur ein Verdacht in bezug auf die im Haftbefehl bezeichnete strafbare Handlung in Betracht kommen kann (KomBer. S. 7).

d) Wenn das Strafverfahren mehrere strafbare Handlungen desselben Beschuldigten zum Gegenstande hatte, so muß, soweit nur ein strafprozessualer Zusammenhang besteht, die Frage der Entschädigung hinsichtlich jeder selbständigen strafbaren Tat eine besondere Beantwortung finden. Hat von den mehreren strafbaren Handlungen nur eine die Untersuchungshaft veranlaßt und endet das Verfahren hinsichtlich dieser einen Handlung mit Freisprechung, hinsichtlich der übrigen aber mit Verurteilung, so ist doch der Anspruch auf Entschädigung für die erlittene Untersuchungshaft begründet (KomBer. S. 11).

5. a) Was den Kreis der Berechtigten anlangt, so ist, im Einklange mit § 1 Abs. 2 des Ges. v. 20. Mai 1898 außer dem Verhafteten selbst auch denjenigen ein Entschädigungsanspruch gewährt worden, denen gegenüber er kraft Gesetzes unterhaltspflichtig war.

b) Durch den Zusatz „kraft Gesetzes“ wird der Kreis derjenigen Unterhaltsberechtigten, die einen Entschädigungsanspruch geltend machen können, erheblich eingeengt. Die Bestimmung ist durchaus im engen Sinne auszulegen: nur obligationes ex lege, d. h. unmittelbar aus dem Gesetze sich ergebende Unterhaltspflichten kommen für die Entschädigung in Betracht. Ein durch Vertrag erworbenes Unterhaltsrecht kann keinen Entschädigungsanspruch begründen.

Nach BGB. sind kraft Gesetzes unterhaltsberechtigt:

α) Die Ehegatten während der Ehe (BGB. § 1360, EBGB. Art. 199), unter Umständen aber auch nach Beendigung der Ehe (BGB. §§ 1351, 1578, 1583);

β) Verwandte in gerader Linie (BGB. §§ 1601 ff., 1705). Wegen ehelich Erklärter vgl. BGB. §§ 1736, 1739, wegen der an Kindesstatt Angenommenen BGB. § 1766, EBGB. Art. 209);

γ) Uneheliche Kinder gegenüber ihrem Vater (BGB. § 1708, EBGB. Art. 208 Abs. 2).

Vgl. dazu für Preußen AllgemLandr. II, 2 §§ 63 bis 65, 161, 204, 251 bis 254 (Entsch. d. RG. in Zivils. Bd. 9 S. 283); II, 3 §§ 15, 16; II, 1 §§ 185 bis 188, 262; II, 2 §§ 1 ff., 615 ff., 638, und das PreußGes. v. 24. April 1854 (GS. S. 193).

(Lessing, S. 45, Ortloff S. 779, Woermann S. 51).

c) Dagegen kommen als vertraglich erworben für den Entschädigungsanspruch nicht in Betracht alle Unterhaltsrechte aus Leibrenten-, Vitalitien-, Alimenten-, Lebensversicherungsverträgen, ferner die mit Besitz- und Eigentumsverhältnissen verbundenen dinglichen Anrechte auf Altenteile, Auszüge usw., endlich private Pensionsverhältnisse und -rechte. Ebensowenig haben diejenigen einen Unterhaltsanspruch, die ohne ein Vertragsverhältnis nur tatsächlich den Unterhalt bezogen haben, gleichgiltig, ob dies dauernd oder vorübergehend, als Unterstützung, Entschädigung für geleistete Dienste, aus Freigebigkeit oder dgl. geschehen ist.

Wenn aber eine an sich kraft Gesetzes bestehende Unterhaltspflicht nur im Vertragswege näher bestimmt und festgesetzt wird, z. B. Vergleich über Alimentation bei außerehelicher Vaterschaft, bei Ehescheidung, so haben die dergestalt Unterhaltsberechtigten einen Entschädigungsanspruch, weil hier die Unterhaltspflicht auf dem Gesetze beruht und der sich daran anschließende Vertrag nur akzessorischer Natur ist und lediglich den Zweck hat, die Einzelheiten der Erfüllung dieser gesetzlichen Pflicht näher zu regeln (Eger, Haftpflichtgesetz 4. Aufl. S. 388, 389; Kolisch S. 805).

Obgleich vertraglich übernommene Unterhaltspflichten für die daraus Berechtigten den Entschädigungsanspruch nicht begründen, so können diese Verbindlichkeiten doch bei Bemessung des nach § 3 dem Verhafteten selbst zu ersetzenden Vermögenschadens Berücksichtigung finden (Mamroth S. 433).

d) Der den gesetzlich Unterhaltsberechtigten gewährte Entschädigungsanspruch steht diesen als selbständiges Recht zu, so daß das Recht der Geltendmachung selbst durch Verzicht des Verhafteten nicht ausgeschlossen wird. Doch kann der Anspruch nicht etwa doppelt, also von dem Verhafteten selbst und außerdem von seinen Unterhaltsberechtigten gefordert werden. Ist das Recht auf Entschädigung einmal von berechtigter Seite geltend gemacht, so ist damit jede weitere Verfolgung ausgeschlossen (Ortloff, Woermann a. a. O.). S. auch S. 100.

e) Wenn das Strafverfahren vor der Freisprechung oder Außerverfolgungsetzung des Verhafteten durch dessen Tod sein Ende erreicht, so haben die Unterhaltsberechtigten keinen Entschädigungsanspruch, da dieser nach § 1 Abs. 1 ausdrücklich von Freisprechung oder gerichtlicher Außerverfolgungsetzung des Verhafteten abhängig gemacht ist. Ein nach dieser Richtung hin zugunsten der Unterhaltsberechtigten gestellter Ergänzungsantrag wurde in der ersten Kommissionsberatung angenommen, in der zweiten aber, unter Wiederherstellung der Regierungsvorlage, wieder abgelehnt, und ebenso in der zweiten Plenarberatung. Sollten sich in einem solchen Falle aus der Nichtgewährung des Entschädigungsanspruches einmal besondere Härten ergeben, so soll, wie von einem Vertreter der Regierung ausdrücklich betont wurde, doch im Verwaltungswege eine Entschädigung bewilligt werden können (KomBer. S. 10, 11, 23, 25, StenogrBer. 84. Sitzung S. 2699).

6. Auf die Erben des Verhafteten geht der Entschädigungsanspruch über, sofern vor dem Tode des Verhafteten der Beschluß über die Entschädigungsverpflichtung der Staatskasse gemäß § 4 ergangen war (sonst nicht). Das geht schon argumento e contrario daraus hervor, daß in anderer Beziehung in § 6 bestimmt ist, daß der Anspruch noch nicht übertragbar ist. Auf eine diesbezügliche Anfrage im Reichstage wurde vom Regierungsvertreter erklärt: „Dadurch, daß der Beschluß über die Entschädigungsverpflichtung der Staatskasse ergangen und dem Betreffenden zugestellt ist, hat er einen Anspruch erworben, der vererblich ist.“ (StenogrBer. 84. Sitzung S. 2698 D). Es

muß dann der Erbe oder Rechtsnachfolger nach § 6 die weiteren Schritte tun, um den Anspruch, dessen Grund festgestellt worden ist, weiter zu verfolgen. S. auch S. 100 Anm. 7.

7. Über den Umfang der Entschädigung s. § 3.

8. Aus welcher Staatskasse die Entschädigung zu zahlen ist, bestimmen §§ 7, 9 u. 10. S. auch § 11 Anm. 5.

9. Wegen der Anwendung des Gesetzes im militärgerichtlichen Verfahren und in den zur Zuständigkeit der Konsulargerichte gehörigen Sachen s. §§ 10 u. 11. Wegen der Schutzgebiete S. S. 88 Anm. 5.

§ 2. Der Anspruch auf Entschädigung ist ausgeschlossen, wenn der Verhaftete die Untersuchungshaft vorsätzlich herbeigeführt oder durch grobe Fahrlässigkeit verschuldet hat. Die Versäumung der Einlegung eines Rechtsmittels ist nicht als eine Fahrlässigkeit zu erachten.

Der Anspruch kann ausgeschlossen werden, wenn die zur Untersuchung gezogene Tat des Verhafteten eine grobe Unredlichkeit oder Unsittlichkeit in sich geschlossen hat oder in einem die freie Willensbestimmung ausschließenden Trunkenheitszustande begangen worden ist oder wenn aus den Tatumständen erhellt, daß der Verhaftete die Verübung eines Verbrechens oder Vergehens vorbereitet hatte.

Der Anspruch kann auch dann ausgeschlossen werden, wenn der Verhaftete zur Zeit der Verhaftung sich nicht im Besitze der bürgerlichen Ehrenrechte befand oder unter Polizeiaufsicht stand oder wenn gegen den Verhafteten auf Grund des § 181a oder des § 362 des Strafgesetzbuchs innerhalb der letzten zwei Jahre auf Überweisung an die Landes-Polizei-

behörde rechtskräftig erkannt worden ist. Das Gleiche gilt, wenn der Verhaftete mit Zuchthaus bestraft worden ist und seit der Verbüßung der Strafe drei Jahre noch nicht verflossen sind.

1. § 2 regelt die Ausnahmen vom Entschädigungsanspruch. In den beiden Fällen des Abs. 1 ist der Anspruch ohne weiteres ausgeschlossen, während die Absätze 2 und 3 die Fälle behandeln, in denen er nach Ermessen des Gerichtes ausgeschlossen werden kann.

2. a) Die Bestimmung, daß der Anspruch auf Entschädigung versagt bleibt, wenn der Verhaftete die Untersuchungshaft vorsätzlich herbeigeführt oder durch grobe Fahrlässigkeit verschuldet hat, ist § 1 Abs. 3 des Gesetzes vom 20. Mai 1878 nachgebildet. Nach den Grundsätzen des Zivilrechtes kann niemand Ersatz für den Schaden verlangen, den er sich selbst vorsätzlich oder durch grobes Verschulden zugefügt hat. Es lag kein Grund vor, den durch die selbstverschuldete Untersuchungshaft erwachsenen Schaden anders zu behandeln. Die Anwendung dieses Grundsatzes war auch schon deshalb geboten, um einer mißbräuchlichen Ausbeutung des Gesetzes vorzubeugen.

b) Vorsätzlich kann die Untersuchungshaft vom Verhafteten herbeigeführt sein durch falsche Selbstanzeige, durch ein unwahres gerichtliches oder außergerichtliches Geständnis, Anstiftung zur falschen Anzeige usw. (um dadurch ein erträgliches Unterkommen zu finden, oder sich vor einer drohenden Verfolgung zu schützen oder sogar mit der unmittelbaren Absicht, sich dadurch den Entschädigungsbetrag zu verschaffen).

c) Nicht jede Fahrlässigkeit schließt den Entschädigungsanspruch aus, sondern nur eine grobe. Unter welchen Voraussetzungen das Verhalten des Verhafteten als ein grob fahrlässiges, das den Verlust des Anspruches rechtfertigt, anzusehen ist, hat das Gesetz mit Absicht nicht bestimmt; jede Kasuistik hätte hier nur schädlich wirken können. Es ist das als Tatfrage dem billigen Ermessen des Gerichts überlassen. In der Kommission wurde hierzu seitens der Regierungsvertreter bemerkt: Es ließen sich Fälle denken, in denen ein völlig Unschuldiger durch die Gefahr einer Verhaftung in solche Bestürzung gerate, daß er sich dem Verfahren durch die Flucht zu entziehen versuche, ohne daß ihm dies als grobe Fahrlässigkeit angerechnet zu werden brauche; ebenso könne es unter Umständen dem an einem Verbrechen völlig Unbeteiligten nicht verargt werden, wenn er Spuren der Tat, die er in seinen Räumen entdecke, in der Befürchtung, dadurch in Ungelegenheiten zu kommen, vernichte. Man könne zu den Gerichten das Vertrauen haben, daß sie den Begriff „grobe Fahrlässigkeit" richtig anwenden und insbesondere die schwierige Lage eines unschuldig in den Verdacht einer Straftat Geratenen billigerweise berücksichtigen würden (KomBer. S. 18). Übrigens ist der Begriff bereits im § 501 StrPrO. verwendet worden. S. auch S. 101 Anm. 8.

Die Versäumung eines Rechtsmittels soll niemals als Fahrlässigkeit gelten, wie dies auch in § 1 Abs. 4 des Ges. v. 20. Mai 1898 bestimmt ist.

d) Fällt dem Verhafteten Vorsatz oder grobe Fahrlässigkeit nur in Beziehung auf einen Teil der Untersuchungshaft zur Last, so wird der Anspruch auf Entschädigung nur insoweit ausgeschlossen, als die Haft infolge des Verhaltens des Beschuldigten verlängert worden ist (Begründ. S. 9 KomBer. S. 14).

8. a) Die Vorschriften in Abs. 2 und 8 bezwecken, dem Gerichte zu ermöglichen, die Gewährung einer Entschädigung auszuschließen, wenn sie mit dem Rechtsbewußtsein in offenbaren Widerspruch treten würde. Die Abs. 2 und 8 lauteten in der Regierungsvorlage anders, ihre jetzige Fassung haben sie in der Kommissionsberatung erhalten (KomBer. S. 15ff.).

b) Der Begriff der „Unsittlichkeit" muß hier im

engeren Sinne verstanden werden als Gegensatz des in der Überschrift des dreizehnten Abschnittes des Strafgesetzbuches, II. Teil, aufgestellten Begriffes der „Sittlichkeit". Das Wort „grobe" bezieht sich auch auf „Unsittlichkeit" (KomBer. S. 17).

c) Unverschuldete Trunkenheit beseitigt, nach ausdrücklicher, ohne Widerspruch erfolgter Feststellung bei der Kommissionsberatung, den Entschädigungsanspruch nicht.

4. a) Der § 181 a (sogen. „Zuhälterparagraph") wurde erst in dritter Beratung vom Reichstage eingeschaltet (StenBer. 90. Sitzung S. 2892). § 362 bestimmt, unter welchen Voraussetzungen die nach § 361 Nr. 3 bis 8 (wegen Landstreicherei, Bettelns, Müßiggang, gewerbsmäßiger Unzucht, Arbeitsscheu, Obdachlosigkeit) Verurteilten der Landespolizeibehörde überwiesen werden können.

b) Der Verbüßung der Strafe ist ihre Verjährung oder ihr Erlaß gleich zu achten. Das wurde bei den Kommissionsberatungen widerspruchslos angenommen (KomBer. S. 18).

§ 3. Gegenstand des dem Verhafteten zu leistenden Ersatzes ist der für ihn durch die Untersuchungshaft entstandene Vermögensschaden. Hat vor dem Erlasse des Haftbefehls eine Vorführung oder eine vorläufige Festnahme stattgefunden, so erstreckt sich der Entschädigungsanspruch auch auf die dem Haftbefehle vorausgegangene Zeit der Haft.

Unterhaltsberechtigten ist insoweit Ersatz zu leisten, als ihnen durch die Verhaftung der Unterhalt entzogen worden ist.

1. § 3 ist in Satz 1 und 3 dem § 2 des Ges. vom 20. Mai 1898 nachgebildet. Er bestimmt in derselben Weise, wie dieser, Gegenstand und Umfang des zu leistenden Ersatzes und zwar in Abs. 1 für den Verhafteten selbst, in Abs. 2 für die Unterhaltsberechtigten.

2. Bei der Abschätzung des dem Verhafteten zu leistenden Schadensersatzes kommt nur derjenige Schaden in Betracht, der ihm durch die Untersuchungshaft in seinem Vermögen erwachsen ist.

a) Bezüglich des durch die vorläufige Festnahme und die Vorführung entstandenen Vermögensschadens gilt das zu § 1 Anm. 3 Gesagte: nur dann, wenn sich an die vorläufige Festnahme oder Vorführung die Untersuchungshaft anschließt, erstreckt sich der Ersatzanspruch auch auf den durch jene entstandenen Vermögensschaden.

b) Wird nach verhängter Untersuchungshaft der Angeschuldigte später gemäß § 117 StrPrO. gegen Sicherheitsleistung freigelassen, so werden auch die durch Stellung der Sicherheitsleistung erwachsenen Kosten (für Beschaffung, Zinsen usw.) als „durch die Untersuchungshaft entstanden" angesehen werden müssen (S. auch Anm. 3b).

c) Die Frage, inwieweit für eine Untersuchungshaft, die auf eine Freiheitsstrafe angerechnet wird, im Falle der Freisprechung im Wiederaufnahmeverfahren Ersatz verlangt werden kann, ist nach dem Gesetze vom 20. Mai 1898 zu beantworten. Die nach § 60 RStrGB. oder nach § 482 StrPrO. auf die Strafe anzurechnende Untersuchungshaft ist als Teil der Strafe und demgemäß auch als Teil der „Strafvollstreckung" im Sinne des § 2 des Ges. v. 1898 anzusehen. Daher umfaßt der Entschädigungsanspruch wegen zu Unrecht erlittener Freiheitsstrafen auch die angerechnete Untersuchungshaft. Wegen der Entschädigung für die nicht auf die Strafe angerechnete Untersuchungshaft bleibt dieses Gesetz von 1904 maßgebend (Woermann S. 52, Ortloff S. 765, 779, Loewe S. 1009 Anm. 1c zu § 1).

3. a) Wenn das Gesetz von „Vermögensschaden" spricht, so hat damit zunächst zum Ausdruck gebracht werden sollen, daß für sogenannten immateriellen oder ideellen Schaden, den der Verhaftete an seiner

Ehre, Freiheit, Gesundheit oder durch seelische Schmerzen erlitten hat, ein Ersatz nicht beansprucht werden kann. Die dahin zielenden, wiederholt gestellten Anträge, entsprechend dem Vorbilde der §§ 847, 1300 BGB., „auch wegen des Schadens, der nicht Vermögensschaden ist, eine billige Entschädigung in Geld zu gewähren", sind abgelehnt worden (KomBer. S. 18, 19, 21, 26; Stenogr Ber. S. 2701 ff., 2704, 2706).

b) Im übrigen ist der Ausdruck „Vermögensschaden" im weitesten Sinne zu deuten; er umfaßt, wie in der Begründung zum Ges. vom 20. Mai 1898 (S. 5) und ganz übereinstimmend hiermit bei der Beratung dieses § 3 in der Kommission (Ber. S. 19) zum Ausdrucke gebracht ist, „jede Verschlechterung der wirtschaftlichen Lage, die sich in Geldwert ausdrücken läßt".

Darauf, ob der Vermögensschaden die unmittelbare oder mittelbare Folge der unschuldig erlittenen Untersuchungshaft ist, kommt es nicht an; es ist der volle Ersatz des durch die Untersuchungshaft verursachten Vermögensschadens zu leisten, auch der mittelbar entstandene ist zu ersetzen. Bezüglich der näheren Feststellung der Schadensersatzleistungen finden die Vorschriften des BGB. in §§ 249 bis 253 über den Umfang der Leistung bei Verpflichtung zum Schadensersatz Anwendung. (S. Anhang S. 167.) Hiernach umfaßt die Entschädigung neben dem erlittenen Verlust auch den entgangenen Gewinn. Sie erstreckt sich auch auf diejenigen Nachteile, die die Verhaftung für den Erwerb oder das Fortkommen des Verhafteten herbeiführt. Hierüber herrschte zwischen der Kommission und den Vertretern der Regierung Einmütigkeit (KomBer. S. 19, StenogrBer. d. Reichst. S. 2706).

Bei Verfolgung des Entschädigungsanspruches im Rechtswege entscheidet über das Vorhandensein und die Höhe eines Schadens das Gericht gemäß § 287 CPO. unter Würdigung aller Umstände nach freier Überzeugung.

c) Dagegen sind die Vorschriften des bürgerlichen Rechts über Haftung aus unerlaubten Handlungen (insbesondere §§ 823, 839, 845, 847 BGB.) nicht anwendbar, denn der Entschädigungsanspruch hat nicht den Charakter einer Deliktsobligation. Das Gesetz sieht für die Gewährung des Anspruches auf Schadensersatz von einer Pflichtverletzung ganz ab. Der Anspruch ist eine reine obligatio ex lege, die ohne Rücksicht darauf, ob eine Pflichtverletzung oder sonstige Verschuldung durch Vorsatz oder Fahrlässigkeit vorliegt, lediglich durch das Vorhandensein des vom Gesetze als anspruchserzeugend anerkannten Tatbestandes entsteht. Nur dann wenn die Verhaftung auf eine vorsätzliche oder fahrlässige Verletzung der Amtspflicht seitens eines Beamten zurückzuführen ist (s. §§ 112ff. StrPrO., §§ 239, 341 StrGB.), wenn also die Freiheitsentziehung auf einer unerlaubten Handlung beruht, finden auch die diesbezüglichen Vorschriften in §§ 823ff. BGB. gegen den Beamten und unter Umständen (Art. 77 E BGB.) gegen den Staat Anwendung (Lessing S. 44, 86, KomBer. S. 19; Ortloff S. 781). Weiteres s. Anm. 8a und b zu § 7.

4. Unterhaltsberechtigte haben nur insoweit einen Ersatzanspruch, als ihnen der Unterhalt durch die Verhaftung entzogen worden ist. Die Höhe dieser Ansprüche aber wird nicht ohne weiteres nach Maßgabe der tatsächlich bis zum Beginn der Untersuchungshaft zur Bestreitung der Unterhaltungspflicht aufgewendeten Beträge, sondern unter Berücksichtigung des im Einzelfalle gesetzlich begründeten Umfanges der Unterhaltspflicht („standesgemäß“, „notdürftig“ usw. vgl. §§ 1610, 1611, 1360 BGB.) zu bemessen sein. Für die Vergangenheit können Unterhaltsberechtigte keine Alimente nachfordern. Dies ist nach § 1613 BGB. und den Motiven dazu Bd. 4 S. 705 und 899 grundsätzlich ausgeschlossen (Ausn. § 1711). Auch der Verhaftete selbst kann aus dem Gesichtspunkte, daß ihm eine Unterhalts-

pflicht obgelegen habe, einen Anspruch gegen die Staatskasse nicht erheben (Mamroth S. 484, Ortloff S. 779, Woermann S. 51. S. auch S. 115 Anm. 4b).

Im übrigen vgl. wegen der Grenzen der Ansprüche der Unterhaltsberechtigten noch §§ 1710, 1615 BGB.

Der Ersatzanspruch der Unterhaltsberechtigten wird dadurch **nicht** ausgeschlossen, daß sie selbst hinreichendes Vermögen besitzen, um ihren Unterhalt zu bestreiten oder daß andere zur Aushilfe im Unterhalt verpflichtete Personen vorhanden sind (ebenso Woermann S. 58, Lessing S. 46).

5. Auf den Entschädigungsanspruch kann sowohl seitens des Verhafteten wie auch seitens der Unterhaltsberechtigten **verzichtet** werden. Doch hindert, da jeder der Ansprüche selbständig besteht, Verzicht von einer Seite nicht die Geltendmachung von der anderen (Anm. 5d zu § 1, Lessing S. 44, 46, Woermann S. 51, Loewe, S. 1009 Anm. 8).

6. Wegen **Übertragbarkeit** und **Pfändbarkeit** des Anspruches S. 75 § 6 Anm. 4a—d.

§ 4. Über die Verpflichtung der Staatskasse zur Entschädigung wird von dem Gerichte gleichzeitig mit seinem den Verhafteten freisprechenden Urteile durch besonderen Beschluß Bestimmung getroffen.

Wird auf ein gegen das Urteil eingelegtes Rechtsmittel von neuem auf Freisprechung erkannt, so ist von dem erkennenden Gerichte nach Maßgabe des Abs. 1 von neuem Beschluß zu fassen.

Der Beschluß ist nicht zu verkünden, sondern durch Zustellung bekannt zu machen, sobald das freisprechende Urteil rechtskräftig geworden ist. Er unterliegt nicht der Anfechtung durch Rechtsmittel. Wird die Entschädigungsverpflichtung der Staatskasse ausgesprochen, so soll der Beschluß auch den Unterhaltsberechtigten, die nicht dem Hausstande des Verhafteten angehören, mitgeteilt werden, sofern ihr Aufenthalt dem Gerichte bekannt ist.

Diese Vorschriften finden entsprechende Anwendung, wenn der Verhaftete durch Beschluß des Gerichts außer Verfolgung gesetzt wird.

1. a) § 4 regelt das Verfahren bei Feststellung der Entschädigungsverpflichtung und ist dem § 4 des Gesetzes vom 20. Mai 1898 nachgebildet. In Übereinstimmung mit diesem Gesetze ist vorgeschrieben, daß über die Verpflichtung der Staatskasse zur Entschädigung von Amtswegen zu entscheiden ist. Eines Antrages von irgend einer Seite bedarf es nicht. „Hat die Haft einen Unschuldigen betroffen, so erscheint es als eine Pflicht des Staates, den ersten Schritt zur Beseitigung des herbeigeführten Schadens zu tun, auch wenn ein Antrag nicht gestellt wird" (Begründ. S. 10). Natürlich ist damit die Berechtigung, einen Antrag zu stellen, nicht ausgeschlossen. Der Beschluß über die Ersatzpflicht des Staates muß selbst dann gefaßt werden, wenn der Verhaftete ausdrücklich auf Entschädigung verzichtet, denn es ist möglich, daß die Unterhaltsberechtigten, die nach §§ 1 und 3 einen selbständigen Ersatzanspruch haben, diesen ihrerseits geltend machen (Lessing S. 50, Woermann S. 55).

Eines ausdrücklichen Beschlusses bedarf es auch dann, wenn die Verpflichtung der Staatskasse zur Entschädigung verneint wird. „Nicht zu umgehen ist, daß auch den Personen, denen der Entschädigungsanspruch versagt wird, die entsprechende Eröffnung gemacht wird" (Begründ. S. 10). Vergl. hierzu noch besonders S. 121 Anm. 2c.

b) Wenn ein Urteil ergeht, so ist die Entscheidung im schöffengerichtlichen Verfahren von dem Amtsrichter und den Schöffen, im schwurgerichtlichen Verfahren dagegen nur von den zur Fällung des Urteils berufenen richterlichen Mitgliedern des Schwurgerichts zu treffen. Es heißt in dieser Beziehung in der Begründung zu der gleichlautenden Bestimmung in § 4 des Gesetzes vom 20. Mai 1898: „Nach der Fassung des Entwurfes kann es keinem Zweifel unterliegen, daß die Entscheidung über die Ersatzpflicht der Staatskasse im schwurgerichtlichen Verfahren den richterlichen Mitgliedern des Schwurgerichts anheimfällt Dies wird um so weniger zu beanstanden sein, als jene Mitglieder auch in dem Falle des § 499 Abs. 2 der StrPrO. zur Entscheidung berufen sind."

c) Die Entscheidung ist durch besonderen Beschluß zu treffen, indessen gleichzeitig mit dem freisprechenden Urteil und von sämtlichen Mitgliedern des erkennenden Gerichtes, so daß der Fall einer plötzlichen Verhinderung eines Richters kaum einmal eintreten wird. Sollte er aber eintreten, dann muß es gehalten werden, wie die CPO. es bestimmt, d. h. nach § 320 (früher 291) gibt dann bei Stimmengleichheit die Stimme des Vorsitzenden und bei dessen Verhind rung die Stimme des ältesten Mitgliedes den Ausschlag KomBer. z. Ges. v. 1898 S. 7).

d) Der Beschluß hat sich zu beschränken auf die Entscheidung über die Verpflichtung der Staatskasse zur Entschädigung; die Bestimmung über Vorhandensein und Höhe des Schadens erfolgt besonders in dem durch § 6 geregelten weiteren Verfahren. Der Beschluß kann kurz lauten: „Die Staatskasse wird zur Entschädigung für verpflichtet erklärt" oder „die Staatskasse ist zur Entschädigung nicht verpflichtet". Der Beifügung von Gründen bedarf es nicht, und zwar auch dann nicht, wenn ein Antrag auf Entschädigung gestellt war und dieser abgelehnt wird (ebenso Woermann S. 55, Mamroth S. 485. Loewe, S. 1011 Anm. 5 zu § 4). Die gegenteilige Ansicht Lessings (S. 51) erscheint unbegründet.

e) Die Beschlußfassung erfolgt gemäß § 198 Abs. 1 GVG., da das Gesetz nicht ein anderes bestimmt, „nach der absoluten Mehrheit der Stimmen." Die nach Abs. 1 § 262 StrPrO. erforderliche Mehrheit von zwei Dritteilen der Stimmen kommt hier nicht in Betracht, denn es handelt sich bei dem Beschlusse nicht um eine die Schuldfrage betreffende Entscheidung im Sinne des § 262, der Beschluß befaßt sich vielmehr lediglich mit der vermögensrechtlichen Entscheidung über die Entschädigungsverpflichtung. Auch die Vertreter der verbündeten Regierungen haben bei der Beratung der gleichlautenden Bestimmung in § 4 des Ges. vom 20. Mai 1898 in der Reichstagskommission, ohne Widerspruch zu finden, anerkannt, „daß zur Fassung des betreffenden Beschlusses einfache Mehrheit genüge" (Ber. d. VII. Kommission, Drucks. d. Reichst. 1897/98 Nr. 119, S. 6). Ebenso Loewe S. 1011 Anm. 4.

2. Die Bestimmung des Abs. 2 ist im Gesetz vom 20. Mai 1898 nicht enthalten. Es handelte sich hier darum, die häufigen Fälle zu regeln, in denen gegen die den Verhafteten freisprechende oder außer Verfolgung setzende Entscheidung ein Rechtsmittel eingelegt wird, ohne daß die Anrufung der höheren Instanz in der Hauptsache ein abweichendes Ergebnis erzielt. Für diese Fälle bedarf es einer besonderen Bestimmung, nach welcher der neben der angefochtenen Entscheidung früher ergangene Beschluß über die Entschädigungspflicht für das auf das Rechtsmittel erkennende Gericht nicht unter allen Umständen maßgebend ist. Das Gericht hat vielmehr, sofern es in der Sache selbst von neuem erkennt und dabei gleichzeitig zur Freisprechung oder Außerverfolgungsetzung des Verhafteten gelangt, auf Grund der ihm nunmehr vorliegenden Beweise nach Maßgabe der vielleicht veränderten Sachlage von neuem über die Entschädigungspflicht zu entscheiden. Selbstverständlich kommt es hierbei nur

darauf an, ob die neue Entscheidung in der Hauptsache sich sachlich als Freisprechung oder Außerverfolgungsetzung darstellt. Daher ist über die Entschädigungspflicht in der Regel auch dann von neuem zu beschließen, wenn eine gegen die Freisprechung eingelegte Berufung oder gegen die Außerverfolgungsetzung erhobene sofortige Beschwerde der Staatsanwaltschaft verworfen wird. Dagegen bedarf es keiner neuen Beschlußfassung, wenn in der Sache selbst nicht von neuem entschieden wird, also wenn ein Rechtsmittel als unzulässig verworfen oder die gegen ein freisprechendes Urteil eingelegte Revision zurückgewiesen wird (Begründ. S. 11).

3. a) Der Beschluß darf niemals verkündet werden, auch dann nicht, wenn er in Anwesenheit der davon betroffenen Person ergeht (§ 35 StrPrO.), sondern ist stets gemäß §§ **37** ff. StrPrO. §§ **166** ff. CPO. durch Zustellung bekannt zu machen. Durch diese Vorschrift soll verhütet werden, daß denjenigen, denen ein Entschädigungsanspruch nicht zuerkannt wird, in der Öffentlichkeit gewissermaßen von Amtswegen dauernd ein Makel aufgedrückt wird, indem sie durch die Versagung des Anspruches und die dadurch entstehende Abschwächung der Freisprechung selbst doch als der Tat verdächtig hingestellt würden. Es sollen durch öffentliche Verkündung des Beschlusses in der Entschädigungsfrage „dem Publikum gegenüber nicht zweierlei Klassen von Freigesprochenen“ geschaffen werden, die freisprechenden Urteile sollen, wie es in der Begründung zum Gesetze von 1898 heißt „keine Differenzierung untereinander erfahren“ (Begründ. S. 4, KomBer. zu dem Entwurf S. 6 und 7).

b) Die Zustellung darf erst erfolgen, wenn das freisprechende Urteil rechtskräftig geworden ist. Dieser Zusatz ist gegenüber dem Gesetze von 1898 neu. In der Begründung (S. 11) heißt es: „Es empfiehlt sich, die Zustellung des Beschlusses über die Entschädigungsfrage immer erst nach Rechtskraft des freisprechenden Urteils oder der außer Verfolgung setzenden Entscheidung eintreten zu lassen, da er erst mit diesem Zeitpunkte als ein endgültiger anzusehen ist."

c) Die Zustellung erfolgt nur an den Verhafteten (Begr. S. 11) und zwar an ihn selbst, nicht an den Verteidiger (Beschl. OLG. Jena v. 28. 12. 01, Blätter f. Rechtspfl. Thüring. Bd. 49 S. 254, Loewe S. 1011 Anm. 6). Mit Rücksicht auf eine zu §§ 4, 5 des Ges. v. 20. Mai 1898 ergangene Entscheidung des Reichsgerichts III. Zivilsenat vom 20. Oktober 1908, wonach die Zustellung des Beschlusses über die Entschädigung an die im Wiederaufnahmeverfahren freigesprochene Person zugleich auch für die Unterhaltsberechtigten in Ansehung der für die Verfolgung des Anspruches vorgeschriebenen dreimonatigen Frist Wirksamkeit hat (s. S. 69), wurde in der zweiten Plenarberatung im Reichstage beantragt, dem § 4 folgenden Absatz 5 hinzuzufügen: „Den Unterhaltsberechtigten des Verhafteten ist der Beschluß durch Zustellung besonders bekannt zu machen, sofern ihr Aufenthalt dem erkennenden Gerichte bekannt ist." Der Antrag wurde angenommen. In der dritten Beratung wurde aber statt dessen die jetzige Fassung festgesetzt (StenogrBer. 84. Sitzung S. 2706 ff., 90. Sitzung S. 2892). Danach ist also der Beschluß den Unterhaltsberechtigten nicht „zuzustellen", sondern er „soll" (nicht „muß") ihnen nur „mitgeteilt" werden. Diese Fassung ist absichtlich gewählt worden. Von der Zustellung an läuft nämlich die Frist für die Geltendmachung des Entschädigungsanspruchs (§ 6). Und diese Zustellung, die nach der jetzigen Fassung des Gesetzes nur an den Verhafteten erfolgt, setzt die Frist auch gegen die Unterhaltsberechtigten in Lauf.

Die Mitteilung des Beschlusses braucht nur dann zu erfolgen, wenn darin die Verpflichtung der Staatskasse zur Entschädigung ausgesprochen wird; wird die

Ersatzpflicht verneint, so bedarf es keiner Mitteilung. Die Mitteilung braucht nur an diejenigen Unterhaltsberechtigten zu erfolgen, die nicht dem Hausstande des Verhafteten angehören und deren Aufenthalt dem Gerichte bekannt ist. Nach dem letzten Zusatze besteht natürlich für das Gericht oder die Staatsanwaltschaft keine Verpflichtung, Ermittelungen nach den Unterhaltsberechtigten anzustellen. Es ist selbstverständlich, daß auch die „Mitteilung" an die genannten Unterhaltsberechtigten erst nach Rechtskraft des freisprechenden Urteils erfolgt.

Aus der Unterlassung der Mitteilung können Ersatzansprüche nicht hergeleitet, insbesondere könnte eine etwaige Versäumung der sechsmonatigen Antragsfrist (§ 6) nicht durch Berufung auf jene Unterlassung wirkungslos gemacht werden. Die Vorschrift ist keine zwingende.

d) Gegen den Beschluß gibt es keinerlei Rechtsmittel, mag er auf Bejahung oder Verneinung der Entschädigungsverpflichtung lauten. Dagegen steht der Beschwerdeweg offen, wenn das Gericht über die Entschädigungspflicht überhaupt keinen Beschluß erlassen hat. Das ist bei der Beratung des Ges. v. 20. Mai 1898 allseitig anerkannt worden (KomBer. S. 8). S. auch S. 124 Anm. 4b und Loewe Anm. 1a zu § 346.

4. a) Wenn der Verhaftete durch Beschluß des Gerichts außer Verfolgung gesetzt wird, so soll hinsichtlich der Entscheidung über die Entschädigungspflicht der Staatskasse „entsprechend" verfahren werden, wie wenn der Verhaftete durch Urteil freigesprochen wird. Daraus, daß das Gesetz „entsprechende" d. h. sinngemäße Anwendung vorschreibt, ergibt sich im einzelnen insbesondere folgendes: Auch hier ist von Amtswegen zu entscheiden, eines Antrages bedarf es nicht. Verzicht des Verhafteten schließt die Notwendigkeit einer Beschlußfassung nicht aus. Auch wenn die Entschädigungspflicht verneint wird, muß darüber ein Beschluß gefaßt werden. Es bedarf stets eines besonderen Beschlusses über die Ent-

schädigungsverpflichtung. Der Beschluß ist gleichzeitig mit dem den Verhafteten außer Verfolgung setzenden Beschlusse zu fassen. Der Beschluß hat sich zu beschränken auf die Entscheidung über die Ersatzpflicht an sich; über Vorhandensein und Höhe des Schadens hat er sich nicht auszulassen. Einer Begründung des Beschlusses bedarf es nicht. (S. S. 60.) Wenn gegen den Beschluß, durch den der Verhaftete außer Verfolgung gesetzt wird, ein Rechtsmittel eingelegt wird (§ 209 StrPrO.), so ist mit der in Anmerkung 2 (S. 62) gegebenen Einschränkung über die Entschädigungspflicht von neuem Beschluß zu fassen. Der Beschluß ist stets dem Verhafteten zuzustellen, mag er die Ersatzpflicht bejahen oder verneinen, und zwar ihm selbst, nicht dem Verteidiger. S. S. 63 Anm. 3c. Auch hier soll der Beschluß, wenn er die Entschädigungsverpflichtung ausspricht, den in Abs. 3 genannten Unterhaltsberechtigten mitgeteilt werden. Zustellung und Mitteilung des Beschlusses über die Ersatzpflicht dürfen erst erfolgen, nachdem der Beschluß über die Außerverfolgungsetzung rechtskräftig geworden ist (also wenn die Frist für die sofortige Beschwerde unbenutzt abgelaufen oder diese ohne Erfolg eingelegt ist, §§ 209, 210, 353 StrPrO.). Der Beschluß über die Entschädigungspflicht kann auch hier nicht durch ein Rechtsmittel angefochten werden.

b) Das Gericht, das den Beschluß über die Entschädigungspflicht zu fassen hat, ist dasselbe, welches die Außerverfolgungsetzung beschlossen hat, also der Amtsrichter oder die Strafkammer. S. auch §§ 9 und 11.

c) Über die Bedeutung des Ausdruckes „außer Verfolgung gesetzt" s. das zu § 1 in Anm. 2 Gesagte (S. 41). Vgl. auch wegen des militärgerichtl. Verfahrens Anm. 3 zu § 10.

§ 5. Der die Entschädigungsverpflichtung der Staatskasse aussprechende Beschluß tritt außer Kraft,

wenn zu Ungunsten des Freigesprochenen die Wiederaufnahme des Verfahrens angeordnet oder wenn gegen den außer Verfolgung Gesetzten nach Wiederaufnahme der Klage das Hauptverfahren eröffnet wird. War die Entschädigung schon gezahlt, so kann das Gezahlte zurückgefordert werden.

1. a) Der § 5 entscheidet die Frage, welche Wirkung hinsichtlich des Entschädigungsbeschlusses die Wiederaufnahme des Verfahrens zu Ungunsten des Freigesprochenen (§ 402 StrPrO.) oder die nachträgliche Eröffnung des Hauptverfahrens nach Wiederaufnahme der Klage gegen den außer Verfolgung Gesetzten (§ 210 StrPrO.) haben soll. Da nach § 1 die Annahme der Unschuld des Verhafteten die Grundlage für die Zubilligung der Entschädigung bildet, so muß der die Entschädigungsverpflichtung aussprechende Beschluß außer Kraft treten, sobald jene Annahme durch einen auf Grund neuer Tatsachen oder Beweismittel ergangenen anderweiten Gerichtsbeschluß widerlegt erscheint (Begründ. S. 11).

b) Ergibt sich im Falle der Wiederaufnahme des Verfahrens zu Ungunsten des Freigesprochenen in der erneuten Hauptverhandlung wiederum die Freisprechung des Verhafteten und wird demgemäß nach § 413 StrPrO. „das frühere Urteil aufrecht erhalten", so muß doch auf Grund der im Wiederaufnahmeverfahren festgestellten Sachlage von neuem über die Entschädigungsverpflichtung Beschluß gefaßt werden. Das ist selbstverständlich. Wenn die Wiederaufnahme des Verfahrens und Erneuerung der Hauptverhandlung angeordnet ist, wird das Verfahren vollkommen in die frühere Lage vor der ersten Hauptverhandlung zurückversetzt. Die „erneute" Hauptverhandlung ist eine völlig neue, von der früheren ganz unabhängige, in der der ganze Tatbestand und die Schuldfrage von neuem selbständig zu prüfen und zu beurteilen sind (Rechtsprechung des Reichsgerichts in Strafsachen Bd. 2, S. 316, Bd. 10, S. 340). Durch die bloße Freisprechung aber ist das Vorhandensein der ersten Voraussetzung der Entschädigungsverpflichtung, nämlich der Unschuld des Verhafteten, noch keineswegs ohne weiteres dargetan.

Dasselbe gilt für den Fall, daß das Hauptverfahren nach Wiederaufnahme der Klage auf Grund des § 210 StrPrO. eröffnet war. Auch hier muß im Falle der Freisprechung von neuem über die Entschädigungsverpflichtung Beschluß gefaßt werden.

2. a) Wenn zur Zeit der Wiederaufnahme des Verfahrens oder der Klage eine Entschädigung schon gezahlt war, so ist die Zurückforderung des Gezahlten bereits von dem Zeitpunkte des Außerkrafttretens des Entschädigungsbeschlusses an zulässig, also mit dem Augenblicke, wo die Wiederaufnahme des Verfahrens angeordnet oder das Hauptverfahren eröffnet ist.

b) In der Regierungsvorlage befand sich noch die Bestimmung, daß in diesem Falle auch „Zinsen vom Tage der Zahlung an" sollten verlangt werden dürfen. Dieser Zusatz wurde indessen bereits in der Kommission gestrichen, ohne daß seitens der Regierung Widerspruch erhoben wurde (KomBer. S. 22, 28, StenogrBer. 84. Sitzung S. 2707, 90. Sitzung S. 2898). Wenn nun hiernach zwar keine Zinsen vom Tage der Zahlung an gefordert werden können, so schließt dies doch das Recht, im Falle der Weigerung der Zurückzahlung der Entschädigungssumme gemäß §§ 288ff., 284 BGB. Verzugszinsen zu verlangen, nicht aus.

§ 6. Wer auf Grund des die Entschädigungsverpflichtung der Staatskasse aussprechenden Beschlusses einen Anspruch geltend macht, hat diesen Anspruch bei Vermeidung des Verlustes binnen

sechs Monaten nach Zustellung des Beschlusses durch Antrag bei der Staatsanwaltschaft des Landgerichts zu verfolgen, in dessen Bezirke das Verfahren in erster Instanz anhängig war.

Über den Antrag entscheidet die oberste Behörde der Landes-Justizverwaltung. Eine Ausfertigung der Entscheidung ist dem Antragsteller nach den Vorschriften der Zivilprozeßordnung zuzustellen.

Gegen die Entscheidung ist die Berufung auf den Rechtsweg zulässig. Die Klage ist binnen einer Ausschlußfrist von drei Monaten nach Zustellung der Entscheidung zu erheben. Für die Ansprüche auf Entschädigung sind die Zivilkammern der Landgerichte ohne Rücksicht auf den Wert des Streitgegenstandes ausschließlich zuständig.

Bis zur rechtskräftigen Entscheidung über den Antrag ist der Anspruch nicht übertragbar.

1. a) Die Vorschriften des § 6 über die Geltendmachung und Verfolgung des durch Gerichtsbeschluß zuerkannten Entschädigungsanspruches sind dem § 5 des Gesetzes vom 20. Mai 1898 nachgebildet. Der nach § 4 von Amtswegen zu erlassende Beschluß trifft nur Bestimmung darüber, ob eine Entschädigungsverpflichtung der Staatskasse überhaupt vorliegt. Das weitere Verfahren, die Entscheidung darüber, ob und in welcher Höhe ein Vermögensschaden tatsächlich entstanden ist und ersetzt wird, ist von einem Antrage der Entschädigungsberechtigten abhängig.

b) Berechtigt zur Stellung des Antrages sind der Verhaftete selbst, ferner nach § 1 Abs. 2 die kraft Gesetzes Unterhaltsberechtigten und bedingungsweise (s. S. 50 Anm. 6 zu § 1) die Erben.

c) Der Antrag muß bei Vermeidung des Verlustes des Anspruches binnen sechs Monaten nach Zustellung des Beschlusses gestellt werden. Zweck der Frist ist, die Ermittelung, ob und in welchem Umfange ein Schaden entstanden ist, durch Zeitablauf nicht zu erschweren (KomBer. S. 27). In der Regierungsvorlage war die Frist, wie im Gesetz von 1898, auf drei Monate festgesetzt, sie wurde vom Reichstag in der zweiten Beratung auf sechs Monate erhöht (StenogrBer. 84. Sitzung S. 2708; KomBer. S. 28). Die Frist zur Stellung des Antrages beginnt mit der Zustellung des die Entschädigungspflicht aussprechenden Beschlusses an den Freigesprochenen oder außer Verfolgung Gesetzten selbst zu laufen, und zwar für alle Anspruchsberechtigten, auch für die Unterhaltungsberechtigten. Diesen gegenüber ist der Beginn der Frist nicht abhängig von einer besonderen Zustellung des Entschädigungsbeschlusses an sie, einer solchen bedarf es nicht. In der Begründung heißt es (S. 12): „Nach den Ausführungen zu § 4 (s. Anm. 8c S. 68) ist es selbstverständlich, daß der Lauf der Frist für die Stellung des Antrages bei der Staatsanwaltschaft für alle Anspruchsberechtigten mit der Zustellung an den Freigesprochenen selbst beginnt.“ In einer Entscheidung des Reichsgerichts vom 20. Oktober 1903 (Entsch. in Zivils. Bd. 55 S. 399) zu der gleichlautenden Bestimmung des § 5 des Ges. v. 20. Mai 1898 wird folgendes ausgeführt: „Wie die Zustellung des Gerichtsbeschlusses (der die Entschädigungspflicht anerkennt) nach dem unzweideutigen Wortlaut der Vorschrift des § 5 der Akt ist, mit dem der Fristenlauf beginnt, so ist sie auch der Akt, der die Befugnis, Entschädigung zu fordern, ins Leben ruft. Die Entschädigungspflicht des Staates ist durch den Beschluß, wie in Ansehung des zu leistenden Gegenstandes so auch in Ansehung der Anspruchsberechtigten ein für allemal festgelegt und zwar in Ansetzung der letzteren in der Weise, daß sie sich untrennbar auf alle erstreckt. Nach dem Willen des Gesetzgebers, wie er in § 1 des Ges. v. 20. Mai 1898 Ausdruck gefunden hat, besteht die staatliche Entschädigungspflicht in den dort gegebenen Grenzen entweder gegenüber allen als anspruchsberechtigt anerkannten Personen, oder sie besteht überall nicht. Dieser Wille wird vereitelt, wenn der Zustellung des Beschlusses nur gegenüber der Person, der zugestellt ist, Wirksamkeit beigelegt wird. Die Annahme, daß die Zustellung an den Freigesprochenen bezw. an den Antragsteller die Entschädigungspflicht allen Anspruchsberechtigten gegenüber ins Leben ruft und damit auch die Ausschlußfrist gegen letztere in Lauf setzt, ist daher unabweislich." So auch Loewe S. 1011 Anm. 6, Woermann S. 58. Die abweichende Auffassung Lessings (S. 53), daß „wenn außer dem Angeklagten noch dritte zum Anspruche berechtigte Personen vorhanden sind, für jede von ihnen eine besondere Frist laufe von dem Tage an, an dem sie den Entschädigungsbeschluß zugestellt erhalten habe", erscheint hiernach unzutreffend.

d) Die Frist zur Stellung des Antrags ist ebenso wie die in Abs. 3 für die Erhebung der Klage vorgeschriebene eine Ausschlußfrist im Sinne des bürgerlichen Rechts. Die Vorschriften der Strafprozeßordnung §§ 42 ff. über die Fristen und die Wiedereinsetzung in den vorigen Stand sind nicht anwendbar. Eine Unterbrechung oder Hemmung des Fristenlaufes findet nicht statt, eine Wiedereinsetzung in den vorigen Stand gegen die Versäumung der Fristen ist ausgeschlossen. Das BGB. hat die Wiedereinsetzung in den vorigen Stand allgemein beseitigt (Mot. Bd. I S. 346). So übereinstimmend auch Lessing S. 54, Woermann S. 60. Der gegenteiligen Ansicht von Mamroth S. 436 Anm. 2 zu § 5 kann nicht beigetreten werden.

e) Über Form und Inhalt des Antrags enthält das Gesetz keine Vorschriften. In den Kommissionsberatungen gab der Staatssekretär des Reichsjustizamtes die Erklärung ab, „irgend welchen Formvorschriften unterstehe der bei der Staatsanwaltschaft zu stellende Antrag nicht. Die dreimonatige (später auf sechs Monate erhöhte) Frist würde auch gewahrt sein, wenn der Antrag weder den verlangten Betrag näher angebe, noch die für die Entstehung des Schadens in Betracht kommenden Tatsachen darlege. Es genüge, wenn der Berechtigte innerhalb der Frist auf dem vorgeschriebenen Wege seinen Willen kundgebe, daß er überhaupt einen Anspruch geltend mache" (KomBer. S. 28).

f) Der Antrag ist anzubringen bei der Staatsanwaltschaft desjenigen Landgerichts, in dessen Bezirke das Verfahren in erster Instanz anhängig war, durch Stellung des Antrages bei einer anderen Staatsanwaltschaft wird die Frist nicht gewahrt, selbstredend wird aber, wenn der Antrag bei einer nach Abs. 1 unzuständigen Staatsanwaltschaft angebracht ist, diese ex nobili officio ihn, soweit möglich, unverzüglich an die zuständige weitergegeben. In den zur Zuständigkeit des Reichsgerichts in erster Instanz gehörigen Sachen ist der Antrag bei der Staatsanwaltschaft beim Reichsgerichte (s. § 9), im militärgerichtlichen Verfahren beim Gerichtsherrn erster Instanz (s. § 10), in den zur Zuständigkeit der Konsulargerichte gehörigen Sachen bei dem Konsul (§ 11) zu stellen.

Wegen der Behandlung der Anträge s. S. 128 Anm. 1f zu § 5 des Ges. v. 20. Mai 1898.

2. a) Die Entscheidung über den Antrag erfolgt durch die oberste Behörde der Landesjustizverwaltung, in den zur Zuständigkeit des Reichsgerichts in erster Instanz gehörigen Sachen durch den Reichskanzler (s. § 9), im militärgerichtlichen Verfahren durch die oberste Militär- oder Marine-

Justizverwaltungsbehörde (s. § 10) in Konsulargerichtssachen durch den Reichskanzler (s. § 11).

b) Bei der Entscheidung hat die oberste Justizverwaltungsbehörde zunächst zu prüfen, ob die formalen Voraussetzungen für die Verfolgung des Anspruchs erfüllt sind, ob der Antrag von berechtigter Seite gestellt, ob er rechtzeitig bei der zuständigen Staatsanwaltschaft angebracht ist, ferner ob der Entschädigungsbeschluß etwa gemäß § 5 wieder außer Kraft getreten ist. In materieller Beziehung hat die genannte Behörde sodann zu prüfen, ob und in welchem Umfange durch die Untersuchungshaft ein Vermögensschaden entstanden ist (§ 8). Dagegen entzieht sich die Frage, ob die Entschädigungsverpflichtung der Staatskasse gemäß §§ 1 und 2 zu Recht ausgesprochen ist oder nicht, in jeder Beziehung der Nachprüfung durch die oberste Landesjustizverwaltungsbehörde; diese Frage ist mit dem Erlasse des Entschädigungsbeschlusses endgültig erledigt. In der Begründung zu § 5 des Ges. v. 1898 heißt es (S. 6): „Der Anspruch auf Entschädigung aus der Staatskasse ist rechtlich begründet, sobald das Gericht mittels Beschlusses die Ersatzpflicht der Staatskasse ausgesprochen hat. Die Anmeldung des Anspruches bei der Staatsanwaltschaft und die demnächst ergehende Entscheidung der obersten Behörde der Landesjustizverwaltung hat hiernach nur noch Bedeutung für die Frage, ob und in welchem Umfange ein von der Staatskasse zu ersetzender Schaden entstanden ist.“ Übrigens ist der Antrag auch dann, wenn er offensichtlich zu spät gestellt ist, an die oberste Landesjustizverwaltungsbehörde zur Entscheidung abzugeben. Der Staatsanwaltschaft steht das Recht, ihn als verspätet zurückzuweisen, nicht zu.

c) Dem Antragsteller ist nach den Vorschriften der CPO. §§ 166 ff. eine Ausfertigung der Entscheidung zuzustellen. (§ 170 CPO.: „Die Zustellung besteht, wenn eine Ausfertigung zugestellt werden soll, in deren

Übergabe, in den übrigen Fällen in der Übergabe einer beglaubigten Abschrift des zuzustellenden Schriftstücks.")

8. a) Gegen die Entscheidung der obersten Behörde der Landesjustizverwaltung läßt das Gesetz die Berufung auf den Rechtsweg zu. Diese erfolgt durch Erhebung einer Zivilklage. Die Beschreitung des Rechtsweges darf aber immer erst erfolgen, nachdem eine Entscheidung der obersten Justizverwaltungsbehörde ergangen ist, vorher ist sie unzulässig; es heißt im Gesetz „binnen drei Monaten nach Zustellung der Entscheidung". (Begründ. des Entw. z. Ges. v. 1898 S. 6).

b) Der Kreis der zur Erhebung der Klage Berechtigten ist derselbe wie der der Antragsberechtigten. S. Anm. 1 b, S. 68 und wegen der Erben insbesondere S. 50.

c) Die zur Erhebung der Klage gestellte Frist von drei Monaten ist ebenso, wie die in Abs. 1 für die Stellung des Antrages gegebene sechsmonatige eine „Ausschlußfrist". Es gilt das in Anm. 1d S. 70 Gesagte.

d) Die Klage ist allgemein „gegen die Entscheidung" zulässig, sie kann sich also sowohl gegen die ganze Ablehnung des Entschädigungsantrags als auch gegen die Höhe der zugebilligten Entschädigung richten.

e) Die Klage ist gegen diejenige Stelle zu richten, die nach dem Gesetze zur Vertretung des Fiskus berufen ist. Dies bedurfte keiner besonderen Hervorhebung im Gesetze (Begründ. S. 12). S. CPO. §§ 18, 19.

Zur Vertretung des Reichsfiskus ist der Reichskanzler oder dessen Vertreter berufen (RG. v. 17. März 1878, RGBl. S. 7) und zwar hat der Reichsfiskus in Ermangelung besonderer Bestimmungen in Berlin als am Sitze der obersten Reichsbehörde Recht zu geben. Was den Reichsmilitärfiskus anlangt, so sind (soweit sich nicht aus der Reichsverfassung Beschränkungen ergeben, wie bezüglich der Festungen) die Kontingentsverwaltungen (Kriegsministerien) der Einzelstaaten zur selbständigen Verwaltung des Militärwesens auf Rechnung und in Vertretung des Reichs berechtigt und daher auch befugt, den Reichsmilitärfiskus im Prozesse zu vertreten. Wegen der Schutzgebiete s. S. 88 Anm. 5.

Die Behörden, die den Fiskus der Einzelstaaten zu vertreten haben, werden durch das Landesrecht der einzelnen Bundesstaaten bestimmt. Vgl. für Preußen das Ges. v. 14. März 1885 (GS. S. 65) und Allgem. Verf. d. Justizm. v. 23. März 1885 (JMBl. S. 119). Hiernach wird in Preußen der Fiskus durch den Oberstaatsanwalt desjenigen Oberlandesgerichts vertreten, in dessen Bezirk das Gericht liegt, das den Beschluß über die Entschädigungsverpflichtung erlassen hat. Wegen der übrigen Bundesstaaten s. Gaupp, Zivilprozeßordnung Anm. III zu § 218.

f) Hinsichtlich der Zuständigkeit der Gerichte bewendet es bei den allgemeinen Regeln der Zivilprozeßordnung und des Gerichtsverfassungsgesetzes, jedoch mit der Maßgabe, daß sachlich für den Entschädigungsanspruch ohne Rücksicht auf den Wert des Streitgegenstandes die Zivilkammern der Landgerichte ausschließlich zuständig sind und zwar auch in denjenigen Sachen, die zur Zuständigkeit des Reichsgerichts in erster Instanz gehören (KomBer. S. 22). In allen Fällen ist daher ohne Rücksicht auf den Wert des Beschwerdegegenstandes Revision zulässig (§ 547[2] CPO.) und hierfür das Reichsgericht zuständig (§ 185 GVG.). Örtlich zuständig ist nach §§ 18, 19 CPO. dasjenige Landgericht, in dessen Bezirk die zur Vertretung des Fiskus im Rechtsstreite berufene Behörde ihren Sitz hat.

In den zur Zuständigkeit der Konsulargerichte gehörigen Sachen ist für die Ansprüche auf Entschädigung das Reichsgericht in erster und letzter Instanz zuständig (S. § 11). Wegen der Schutzgebiete s. S. 88 Anm. 5.

g) In der Kommission wurde die Frage aufgeworfen,

ob, wenn als Entschädigung eine Geldrente zuerkannt sei, § 323 CPO. Anwendung finde, wonach eine Abänderung des Urteils verlangt werden kann, sofern eine wesentliche Änderung derjenigen Verhältnisse eintritt, die für die Verurteilung maßgebend gewesen sind. Von einem Regierungskommissar wurde hierzu bemerkt, daß die Zuerkennung einer Rente statt einer festen, einmal zu entrichtenden Entschädigungssumme in der Praxis mutmaßlich sehr selten sein werde. Träte aber der Fall ein, so würde nach seiner Ansicht der Anwendung des angeführten § 323 nichts im Wege stehen. Dieser Ausführung wurde nicht widersprochen. (KomBer. S. 28.)

4. a) Bis zur rechtskräftigen Entscheidung über den Antrag kann der Entschädigungsanspruch nicht übertragen werden. „Rechtskräftig" oder, wie es gleichbedeutend im § 5 des Ges. v. 20. Mai 1898 heißt, „endgültig" ist über den Antrag dann entschieden, wenn entweder die dreimonatige Ausschlußfrist zur Erhebung der Klage gegen die Entscheidung der obersten Behörde der Landesjustizverwaltung abgelaufen ist, ohne daß Klage erhoben wurde, oder wenn auf die gemäß Abs. 4 erhobene Zivilklage das Urteil nach den Vorschriften der CPO. (§ 705) rechtskräftig geworden ist.

b) Bis zu demselben Zeitpunkte ist der Anspruch auch nicht der Pfändung unterworfen. Wenn dieses hier, in Abweichung von § 5 des Gesetzes v. 20. Mai 1898, nicht ausdrücklich erwähnt worden ist, so ist das nur deshalb unterblieben, weil sich nach § 851 Abs. 1 CPO. aus der Unübertragbarkeit der Forderung ihre Unpfändbarkeit von selbst ergibt (Begründ. S. 12). Die Unpfändbarkeit schließt nicht nur die Unzulässigkeit der Zwangsvollstreckung in die Forderung (§ 828 CPO.), sondern auch die Unzulässigkeit des Arrestes und der vorläufigen Beschlagnahme (§§ 928, 930, 845 CPO.) in sich. (S. Gaupp, CPO. § 811 Anm. II, § 850 Anm. I u. V 4). Dies ist auch bei anderer Gelegenheit von Regierungsvertretern ausdrücklich anerkannt worden. Vgl. Bericht der XI. Kom. d. Reichst. 1895/96, Drucksachen Bd. 4 Nr. 294 S. 75.

c) Die trotz des Verbotes vorgenommene Veräußerung (Übertragung, Verpfändung usw.) ist gemäß § 184 BGB. nichtig. Das Veräußerungsverbot ist auch im öffentlichen Interesse erlassen, „um einem unwürdigen Handel mit der Entschädigungsforderung vorzubeugen und zu verhindern, daß die dem Verurteilten (Verhafteten) zugedachte Wohltat demselben durch dritte verkümmert werde“. (Begründ. z. Ges. v. 1898 S. 7.)

d) Das Verbot der Übertragung und Pfändung des Anspruches vor rechtskräftiger Entscheidung über den Antrag erstreckt sich auch auf den nach § 1 Abs. 2 den Unterhaltsberechtigten zustehenden Entschädigungsanspruch. So auch Lessing S. 44, 48, Woermann S. 60.

e) Verzicht auf den Entschädigungsanspruch ist jederzeit möglich. S. Anm. 5 zu § 8 S. 58.

f) Wegen der Vererblichkeit des Anspruches s. Anm. 6 zu § 1 S. 50.

§ 7. Die Entschädigung wird aus der Kasse des Bundesstaats gezahlt, bei dessen Gerichte das Strafverfahren in erster Instanz anhängig war.

Bis zum Betrage der geleisteten Entschädigung tritt die Kasse in die Rechte ein, welche dem Entschädigten gegen Dritte um deswillen zustehen, weil durch deren rechtswidrige Handlungen die Untersuchungshaft herbeigeführt war.

1. a) Der § 7 entspricht dem § 3 des Ges. vom 20. Mai 1898. Er ist in sämtlichen Beratungen des Reichstages und der Kommission ohne weitere Erörterungen

unverändert nach der Regierungsvorlage angenommen (KomBer. S. 22, 29, StenogrBer. S. 2708 C. 2898 B.).

b) Der Bestimmung in Abs. 1 liegt die Auffassung zu Grunde, daß es sich hier um eine aus der Justizhoheit herzuleitende Verpflichtung handelt.

Nicht geregelt ist der Fall, daß das Strafverfahren vor einem mehreren Bundesstaaten gemeinschaftlichen Gericht anhängig war. In der Begründung zu § 3 des Ges. v. 20. Mai 1898 heißt es in dieser Beziehung (S. 5): „Besondere Vorschriften für den Fall, daß die Verurteilung von einem mehreren Bundesstaaten gemeinschaftlichen Gericht erfolgt ist, sind nicht erforderlich. Daß demjenigen Bundesstaat, in dessen Gebiete das gemeinschaftliche Gericht seinen Sitz hat, nicht auch die Entschädigung der Angehörigen anderer beteiligter Staaten aufgebürdet werden darf, erscheint selbstverständlich. Die weitere Regelung kann der Verständigung der beteiligten Staaten vorbehalten bleiben."

c) Ebenso wird eine Ausgleichung der Anteile am Ersatze herbeizuführen sein, wenn nach §§ 12 und 13 StrPrO. ein Gericht mehrere zusammenhängende Strafsachen bei sich vereinigt, in denen der Beschuldigte bereits bei den anderen Gerichten Untersuchungshaft erlitten hatte, für die schließlich Entschädigung zugesprochen wird (Ortloff S. 780).

Vgl. im übrigen § 3 des Ges. vom 20. Mai 1898. (S. 116 Anm. 1b.)

2. An die Stelle der Staatskasse tritt in den zur Zuständigkeit des Reichsgerichts in erster Instanz gehörigen Sachen die Reichskasse (§ 9), im militärgerichtlichen Verfahren im Heere die Kasse desjenigen Kontingents, bei dessen Gerichte das Strafverfahren in erster Instanz anhängig war, in der Marine die Reichskasse (§ 10) in Konsulargerichtssachen ebenfalls die Reichskasse (s. § 11 Anm. 4).

3. a) Nach Abs. 2 hat die Staats- (Reichs- oder

Kontingents-)Kasse bis zum Betrage der geleisteten Entschädigung einen Rückgriff gegen etwaige entschädigungspflichtige Dritte, insofern durch deren rechtswidrige Handlungen die Verhaftung herbeigeführt war, z. B. durch falsche Anzeigen, falsches Zeugnis, durch Verschuldung bei Erlaß oder in bezug auf die Fortdauer des Haftbefehls, wenn z. B. das Gericht den Haftbefehl erläßt, ohne daß die im § 112 StrPrO. bestimmten Voraussetzungen vorliegen, oder unter Nichtbeachtung der Vorschrift des § 113, oder wenn der Haftbefehl entgegen der Vorschrift der §§ 123, 126 daselbst nicht aufgehoben wird; oder wenn z. B. der Gerichtsschreiber unterläßt, die vom Richter angeordnete Aufhebung des Haftbefehles dem zuständigen Gefängnisbeamten bekannt zu geben oder wenn dieser verabsäumt, nach Aufhebung der Untersuchungshaft den Verhafteten rechtzeitig zu entlassen. Für die Frage, inwieweit dem Verhafteten Entschädigungsansprüche gegen Dritte um deswillen zustehen, weil durch deren rechtswidrige Handlungen seine Verhaftung herbeigeführt war, sind die Vorschriften des bürgerlichen Rechtes maßgebend. BGB. §§ 823 ff. S. Anhang S. 168. Wer vorsätzlich oder fahrlässig die Freiheit eines anderen widerrechtlich verletzt, ist diesem zum Ersatze des daraus entstehenden Schadens verpflichtet (§ 823 Abs. 1). Insbesondere kommen hier auch die die Ersatzpflicht der Beamten regelnden §§ 839, 840 mit 842, 845, 846, 847 in Betracht. Zu berücksichtigen ist dabei aber namentlich die Vorschrift des Abs. 3 § 839, wonach die Ersatzpflicht dann nicht eintritt, wenn der Verletzte vorsätzlich oder fahrlässig unterlassen hat, den Schaden durch Gebrauch eines Rechtsmittels abzuwenden, und ferner Abs. 2 des § 823, wonach die in Abs. 1 bestimmte Verpflichtung auch denjenigen treffen soll, der gegen ein den Schutz eines anderen bezweckendes Gesetz verstößt, also gegen die Vorschriften über die Zulässigkeit und Fortsetzung der Untersuchungshaft, jedoch mit der Einschränkung, daß, wenn nach dem Inhalt dieses Gesetzes ein Verstoß dagegen auch ohne Verschulden möglich ist, die Ersatzpflicht nur im Falle des Verschuldens eintritt (Ortloff S. 781). Vgl. hierzu insbesondere die Anmerkungen in Planck, Bürgerl. Gesetzbuch zu §§ 823, 839.

Ist die Untersuchungshaft von mehreren im Kollegium angeordnet worden, so würden im Falle einer Pflichtverletzung immer nur diejenigen haften, die sich der Verletzung der Amtspflicht schuldig gemacht haben, diese dann allerdings als Gesamtschuldner (§§ 840, 830 BGB.). Eine Haftung des Kollegium als solchen gibt es nicht (Planck, BGB. Anm. 4a und b zu § 840, Nöldeke in Gruchots Beiträgen Bd. 42 S. 825).

b) Die mildere Bestimmung in Abs. 2 des § 839 BGB. kommt für die Frage, inwieweit der Richter aus dem unberechtigten Erlaß eines Haftbefehles zivilrechtlich in Anspruch genommen werden kann, nicht in Frage. Unter dem in Abs. 2 dieser Bestimmung angeführten „Urteil" darf nicht, wie vielfach angenommen wird, jede Entscheidung in einer Rechtssache verstanden werden, ohne Rücksicht darauf, in welcher äußeren Form sie sich kundgibt, ob als „Urteil", „Beschluß" oder „Verfügung". Nach der Entstehungsgeschichte kann es vielmehr keinem Zweifel unterliegen, daß „Urteil" hier nur in der formell technischen Bedeutung zu verstehen ist und daß insbesondere der Haftbefehl nicht darunter fallen soll. Mugdan u. Falkmann, Rechtspr. d. Oberlandesgerichte Bd. 4 S. 286, Entsch. d. OLG. Cöln v. 8. Jan. 1902 und dazu Oppenhoff in D. Jur.-Zeitg. 1902 S. 480; Melz, Beamtenpflicht nach § 839 BGB. (Leipz. 1904) S. 68; Delius, Haftpflicht der Beamten (Berlin 1901) S. 76; Nöldeke, a. a. O. S. 795 ff. Anderer Meinung Hachenburg, das Bürgerliche Gesetzbuch (Mannheim 1900) S. 433.

4. Der Rückgriff der Staatskasse ist nicht nur dann zulässig, wenn die Untersuchungshaft durch rechtswidrige

Handlungen herbeigeführt, sondern auch dann, wenn sie dadurch verlängert worden ist (Begründ. zu § 7).

5. Der Staat erwirbt die Deliktsansprüche ohne weiteres, einer Abtretung bedarf es nicht.

§ 8. Ist zu Ungunsten des Freigesprochenen die Wiederaufnahme des Verfahrens beantragt oder gegen den außer Verfolgung Gesetzten die Klage wieder aufgenommen worden, so kann die Entscheidung der obersten Behörde der Landes-Justizverwaltung (§ 6 Abs. 2) sowie die Zahlung der Entschädigung (§ 7 Abs. 1) ausgesetzt werden.

1. a) § 8 sieht die Fälle vor, in denen die Entscheidung über die Höhe der Entschädigung sowie deren Auszahlung ausgesetzt werden kann.

Wenn gegen denjenigen, zu dessen Gunsten die Ersatzpflicht der Staatskasse ausgesprochen worden ist, auf Grund neu ermittelter Tatsachen die Wiederaufnahme des Verfahrens beantragt oder die Klage wieder aufgenommen wird, so kann die oberste Behörde der Landesjustizverwaltung, solange die Entscheidung über die Wiederaufnahme oder über die Eröffnung des Hauptverfahrens nicht ergangen ist, nicht wohl gehalten sein, in Verfolg des früheren Beschlusses noch über die Höhe der Entschädigung Bestimmung zu treffen. Nicht minder würde es einen Widerspruch enthalten, wenn bei solcher Sachlage eine bereits festgestellte Entschädigungssumme zur Auszahlung gebracht werden müßte (Begründ. S. 12).

Wegen der Wiederaufnahme des Verfahrens zu Ungunsten des Freigesprochenen s. § 402 StrPrO. (Anhang S. 154); für die Wiederaufnahme der Klage gegen den außer Verfolgung Gesetzten ist § 210 StrPrO. maßgebend, wonach „die Klage nur auf Grund neuer Tatsachen oder Beweismittel wieder aufgenommen werden kann“. Unter

„neuen Tatsachen und Beweismitteln" sind alle diejenigen zu verstehen, die nach Lage der Akten zur Zeit der Entscheidung über die Eröffnung des Hauptverfahrens unbekannt waren, einerlei, ob sie früher oder später zur Entstehung gekommen sind. Selbstredend müssen die neuen Tatsachen oder Beweismittel auch von Erheblichkeit sein für die Entscheidung über die Eröffnung des Hauptverfahrens.

Die Aussetzung der Entscheidung über den Entschädigungsantrag sowie der Auszahlung des Entschädigungsbetrages muß im Falle des § 8 nicht unbedingt erfolgen, vielmehr entscheidet darüber die zuständige Behörde nach freiem Ermessen. Zur Aussetzung genügt, daß zu Ungunsten des Freigesprochenen die Wiederaufnahme des Verfahrens beantragt oder gegen den außer Verfolgung Gesetzten die Klage wieder aufgenommen ist. Wenn die Wiederaufnahme des Verfahrens angeordnet (§ 410 StrPrO.) oder das Hauptverfahren eröffnet ist (§ 201 a. a. O.), so tritt der die Entschädigungsverpflichtung der Staatskasse aussprechende Beschluß überhaupt außer Kraft und das etwa schon Gezahlte kann ohne weiteres zurückgefordert werden (§ 5).

Im Falle der Freisprechung des Verhafteten ist über die Verpflichtung der Staatskasse zur Entschädigung von neuem durch besonderen Beschluß Bestimmung zu treffen (§ 4).

§ 9. In den zur Zuständigkeit des Reichsgerichts in erster Instanz gehörigen Sachen ist statt der Staatskasse die Reichskasse ersatzpflichtig.

In diesen Fällen tritt an die Stelle der Staatsanwaltschaft des Landgerichts die Staatsanwaltschaft bei dem Reichsgericht, an die Stelle der

obersten Behörde der Landes-Justizverwaltung der Reichskanzler.

1. a) Der § 9 entspricht dem § 6 des Gesetzes vom 20. Mai 1898. Für diejenigen Fälle, in denen das Reichsgericht in erster und letzter Instanz geurteilt hat, bedurfte es besonderer Bestimmungen. Gemäß der Auffassung, daß es sich bei der Ersatzpflicht des Staates um eine aus der Justizhoheit herzuleitende Verpflichtung handelt (§ 7 Anm. 1b), fällt die Entschädigung hier der Reichskasse zur Last. An die Stelle der Staatsanwaltschaft des Landgerichts und der obersten Behörde der Landesjustizverwaltung treten die entsprechenden Organe des Reichs.

b) Zur Zuständigkeit des Reichsgerichts in erster Instanz gehören:

α) nach § 136 GVG. die Fälle des Hochverrats und des Landesverrats, insofern diese Verbrechen gegen den Kaiser oder das Reich gerichtet sind (s. §§ 80 bis 92 StrGB.).

β) nach § 12 des Gesetzes gegen den Verrat militärischer Geheimnisse vom 3. Juli 1893 (RGBl. S. 207) die dort in den §§ 1 und 3 aufgeführten Verbrechen.

Der Versuch und die Teilnahme (Anstiftung und Beihilfe) stehen hinsichtlich der Zuständigkeit dem Verbrechen selbst gleich. Dagegen erstreckt sich die Zuständigkeit des Reichsgerichts an sich nicht auf die Begünstigung, da diese ein selbständiges Vergehen (§ 257 StrGB.) darstellt und ebensowenig auf die Unterlassung der Anzeige von dem Vorhaben eines der bezeichneten Verbrechen (§ 139 StrGB. § 9 d. Ges. vom 3. Juli 1893). Hängt aber eine solche Sache mit einer vor das Reichsgericht gehörigen zusammen, so kann das reichsgerichtliche Verfahren auch darauf ausgedehnt werden. Die Bestimmungen über die Verbindung zusammenhängender Straffachen in §§ 2 bis 5 StrPrO. finden in vollem Umfange auch auf das Reichsgericht Anwendung (Kolisch S. 84 Anm. 5, Loewe S. 115 Anm. 3a bis 4 zu § 136 GVG.).

c) Die Militärstrafgerichtsbarkeit wird durch obige Vorschriften nicht berührt; vielmehr bleiben, wenn die oben angeführten strafbaren Handlungen von Personen begangen werden, die unter Militärstrafgerichtsbarkeit stehen, für die Verhandlung und Entscheidung in erster Instanz die Kriegsgerichte zuständig (s. §§ 17, 62, 45, 15, 16 MStrGO. u. Begründ. zu § 56 des Entwurfes dazu, wo die Frage ausführlich erörtert ist).

2. Im Falle der Berufung auf den Rechtsweg gegen die Entscheidung des Reichskanzlers (§ 6 Abs. 3) ist für die Erhebung der Klage auch hier die Zivilkammer des Landgerichts ausschließlich zuständig (KomBer. S. 22; § 6 Anm. 3f S. 74).

§ 10. Dieses Gesetz findet auf die im militärgerichtlichen Verfahren freigesprochenen Personen entsprechende Anwendung. An die Stelle der Staatskasse tritt im Heere die Kasse desjenigen Kontingents, bei dessen Gerichte das Strafverfahren in erster Instanz anhängig war, in der Marine die Reichskasse. Statt der Staatsanwaltschaft des Landgerichts ist der Gerichtsherr erster Instanz, statt der obersten Behörde der Landes-Justizverwaltung die oberste Militär- oder Marine-Justizverwaltungsbehörde zuständig.

1. Die Vorschriften des Gesetzes vom 20. Mai 1898 sind durch die §§ 465 bis 468 der Militärstrafgerichtsordnung vom 1. Dezember 1898 (RGBl. S. 1189) auf das militärgerichtliche Verfahren für anwendbar erklärt

worden (vgl. die Vorbemerkung zu III S. 189). Im Anschlusse hieran enthält § 10 entsprechende Vorschriften.

2. Der Umfang der Militärstrafgerichtsbarkeit ist geregelt durch §§ 1 bis 11 der Militärstrafgerichtsordnung und § 2 Abs. 3 des EinfGes. hierzu (wonach unter bestimmten Voraussetzungen auch die Mitglieder der Landgendarmeriekorps der Militärstrafgerichtsbarkeit unterstellt sind (vgl. hierzu wegen der in Betracht kommenden Ergänzungsgesetze und -verordnungen die Zusammenstellung im „Jahrbuch der Preuß. Gerichtsverfassung" für 1902 S. 124 ff.

3. Im militärgerichtlichen Verfahren kommen für die Entschädigungsfrage nur die durch Urteil Freigesprochenen in Betracht. Die in den §§ 1, 4, 5 und 8 neben dem Falle der Freisprechung angeführte „Außerverfolgungsetzung durch Beschluß des Gerichts" hat für das militärische Strafverfahren keine Bedeutung. Die MStrGO. kennt keine „Außerverfolgungsetzung durch Gerichtsbeschluß". Die Außerverfolgungsetzung und Einstellung des Verfahrens erfolgt durch den Gerichtsherrn (§§ 245ff.). Diese Einstellung aber und die ihr nach §§ 272, 245 gleichstehende Zurücknahme der Anklageverfügung (s. v. Koppmann Anm. 5 zu § 275) entsprechen der Einstellung des Verfahrens durch den Staatsanwalt im bürgerlichen Strafprozeß (§ 168), die im Gesetze bei Zubilligung eines klagbaren Rechtes auf Entschädigung unberücksichtigt geblieben ist.

4. a) Über die Verpflichtung der Kontingentskasse zur Entschädigung ist auch im militärgerichtlichen Verfahren, wenn es sich um unschuldig erlittene Untersuchungshaft handelt, stets gleichzeitig mit dem den Verhafteten freisprechenden Urteile durch besonderen Beschluß Bestimmung zu treffen (§ 4). Diese Bestimmung enthält eine Abweichung gegenüber der Vorschrift in § 467 MStrGO., wonach im Falle der Freisprechung im

Wiederaufnahmeverfahren „über die Verpflichtung der Kontingentsverwaltung zur Entschädigung durch das im Wiederaufnahmeverfahren erkennende Urteil" Bestimmung getroffen wird (vgl. über Entstehung und Bedeutung dieser Abweichung die Anm. zu § 467 S. 144). Demnach wird, wenn bei einem im militärgerichtlichen Verfahren Freigesprochenen die Voraussetzungen der beiden Entschädigungsgesetze (unschuldig erlittene Untersuchungshaft und unschuldig erlittene Strafe) zusammentreffen, über die Entschädigungsverpflichtung der Kontingents- oder Reichskasse, soweit es sich um Entschädigung für die Untersuchungshaft handelt, gemäß § 4 gleichzeitig mit dem freisprechenden Urteile durch besonderen Beschluß, soweit es sich aber um Entschädigung für die Strafe handelt, in dem erkennenden Urteile selbst Bestimmung zu treffen sein.

b) Der Beschluß kann kurz lauten: „Die (Preußische, Sächsische usw.) Kontingentskasse (bezüglich der Marine: die Reichskasse) wird zur Entschädigung für verpflichtet erklärt" oder: „Die Kontingentskasse (Reichskasse) ist zur Entschädigung nicht verpflichtet." Der Beifügung von Gründen bedarf es nicht (s. S. 60 Anm. d).

5. a) Unter der zahlungspflichtigen Kontingentskasse ist bei denjenigen Bundesstaaten, die keine eigene Militärverwaltung haben, diejenige Kasse zu verstehen, aus der die Verwaltungskosten für das Kontingent bestritten werden.

b) Wegen der Vertretung der Kontingentskassen im Prozesse s. S. 78 Anm. 3e zu § 6.

c) Besonders hervorzuheben ist noch, daß im Sinne des Satzes 2 die etwa landesgesetzlich gemäß § 2 Abs. 3 EinfG. z. MStrGO. der Militärstrafgerichtsbarkeit unterstellten Mitglieder der Landgendarmeriekorps nicht zum Heere gehören. Ihre sonstige Eigenschaft als öffentliche Zivilbeamte wird durch die Unterstellung unter die Militärstrafgerichtsbarkeit nicht berührt. Bezüglich ihrer bleibt also die Staatskasse (§ 7) ersatzpflichtig, die Kontingentskasse kommt nicht in Betracht.

6. Der gemäß § 6 Abs. 1 zu stellende Antrag auf Gewährung des Entschädigungsanspruchs ist bei dem Gerichtsherrn erster Instanz anzubringen. Das gilt in gleicher Weise für die Sachen der niederen Gerichtsbarkeit (§§ 14 bis 16, 68 MStrGO.), wie die der höheren (§ 17). Gerichte erster Instanz sind für die niedere Gerichtsbarkeit die Standgerichte (Feld- und Bordstandgerichte) §§ 45, 46, 48 a. a. O., für die höhere Gerichtsbarkeit die Kriegsgerichte (Feld- und Bordkriegsgerichte) §§ 62, 64. Hiernach ist also für die Anbringung des Antrages, wenn es sich bei der Freisprechung um eine Sache der niederen Gerichtsbarkeit handelt, immer der Gerichtsherr des Standgerichtes, wenn es sich um eine Sache der höheren Gerichtsbarkeit handelt, immer der Gerichtsherr des Kriegsgerichtes zuständig. Vgl. auch wegen der Gerichtsherren §§ 19ff. MStrGO., wegen der Zuständigkeit der Kriegsgerichte in erster Instanz S. 83 Anm. 2c zu § 9, S. 87 Anm. 2c zu § 11 und wegen der Behandlung der Anträge durch den Gerichtsherrn S. 149 Anm. b zu § 468 MStrGO.

7. Die obersten Justizverwaltungsbehörden, die über den Antrag zu entscheiden haben, sind nach § 111 MStrGO. hinsichtlich der Marine der Reichskanzler (Reichs-Marine-Amt), für das Heer die Kriegsministerien oder die ihnen in dieser Beziehung gleichstehenden Behörden, das sind in Mecklenburg-Schwerin das „Militärdepartement", in Mecklenburg-Strelitz das „Militärkollegium". S. auch v. Koppmann, Anm. 1 zu § 112. „Es ist selbstverständlich nicht ausgeschlossen, daß die Kriegsministerien oder die ihnen hinsichtlich der Militärjustizverwaltung gleichgestellten Behörden sich zur Ausübung ihrer Verwaltungsbefugnisse anderer Organe bedienen" zu § 112. (Begründ.

zu § 105 des Entw. d. MStrGO. — § 111 des Ges. —).

§ 11. In den zur Zuständigkeit der Konsulargerichte gehörigen Sachen findet dieses Gesetz mit folgenden Maßgaben Anwendung:

An die Stelle der Staatsanwaltschaft des Landgerichts tritt der Konsul. Für die Ansprüche auf Entschädigung ist das Reichsgericht in erster und letzter Instanz zuständig.

1. Der § 11 ist dem § 71 des Gesetzes über die Konsulargerichtsbarkeit vom 7. April 1900 (RGB. S. 213 ff.) nachgebildet. Er enthält wie dieser die für die Konsulargerichtssachen notwendigen Einschränkungen bei Anwendung der im § 19 Nr. 2 des genannten Gesetzes gegebenen allgemeinen Vorschrift, nach der die Gesetze von 1898 und von 1904 als „Reichsgesetze über das Verfahren in Strafsachen" auch in den Konsulargerichtsbezirken Geltung haben. S. auch S. 88 Anm. 5, S. 102 Anm. 10 und 11.

2. a) Nach § 10 des Ges. über die Konsulargerichtsbarkeit sind die Konsulargerichte zuständig für die durch das Gerichtsverfassungsgesetz und die Prozeßordnungen den Landgerichten in erster Instanz sowie den Schöffengerichten zugewiesenen Sachen (GVG. §§ 27 bis 29, 73 bis 75, StrPrO. § 1).

b) Für Strafsachen, die zur Zuständigkeit der Schwurgerichte oder des Reichsgerichts in erster und letzter Instanz gehören (GVG. §§ 80, 136 Nr. 1, RG. v. 3. Juli 1898 RGBl. S. 207 § 12), bleibt es bei der Zuständigkeit der deutschen Gerichte; fehlt es an einem solchen, so wird das zuständige Gericht von dem Reichsgerichte bestimmt (§ 55 des Ges. v. 7. April 1900).

c) Die Militärgerichtsbarkeit bleibt unberührt (§ 8 a. a. O.).

3. Der Antrag auf Zubilligung der Entschädigung (§ 6 Abs. 1) ist bei dem Konsul anzubringen. An die Stelle der obersten Behörde der Landesjustizverwaltung (§ 6 Abs. 2) tritt gemäß §§ 19, 23 Abs. 3 des Ges. v. 7. April 1900 der Reichskanzler. Von diesem ist auch zunächst über den Antrag gemäß Abs. 2 § 6 zu entscheiden. Wenn es im Abs. 2 heißt: „Für die Ansprüche auf Entschädigung ist das Reichsgericht in erster und letzter Instanz zuständig", so hat damit augenscheinlich nur die Bestimmung in Abs. 3 § 6 abgeändert und gesagt werden sollen, daß für die Klage das Reichsgericht in erster und letzter Instanz zuständig ist. Die Ansicht im Jahrbuch der Preuß. Gerichtsverfassung Jahrgang 1902 S. 66, wonach das Reichsgericht zuständig sei für die Entscheidung über den „Antrag auf Entschädigung" (Abs. 2 § 6), erscheint hiernach nicht ganz zutreffend.

4. Statt der Staatskasse ist die Reichskasse verpflichtet und berechtigt (§ 24 des Ges. v. 7. April 1900).

5. Das Gesetz findet auch in den deutschen Schutzgebieten Anwendung. Dies folgt aus § 3 des Schutzgebietsgesetzes in der Fassung vom 10. September 1900 (RGBl. S. 818 ff.) in Verbindung mit § 19 Abs. 2 des Gesetzes über die Konsulargerichtsbarkeit vom 7. April 1900. Nach diesen Bestimmungen gelten in den Schutzgebieten auch die Vorschriften der Reichsgesetze über das Verfahren in Strafsachen. Zu diesen reichsgesetzlichen Vorschriften über das Verfahren in Strafsachen ist auch das vorliegende Gesetz zu rechnen, es ist vorwiegend strafprozessualer Natur. Vollständig in den Rahmen des Strafverfahrens eingereiht, hat es in diesem zunächst seine Grundlage. Die Vorschriften über Entschädigung für unschuldig erlittene Verhaftung und Bestrafung sind auch stets als Vorschriften strafprozessualer Natur behandelt worden; in den zahlreichen Entwürfen

ist immer betont worden, daß es sich um eine Ergänzung der Vorschriften über das Strafverfahren handele. Auch die im wesentlichen mit dem Gesetze vom 20. Mai 1898 übereinstimmende Regierungsvorlage vom 18. Dezember 1895 befand sich im Entwurfe betreffend Änderungen und Ergänzungen des Gerichtsverfassungsgesetzes und der Strafprozeßordnung (Drucks. d. Reichst. IV Session 1895/1897 Bd. I Nr. 78). In der Begründung zu diesem Entwurfe wird gerade auch mit Bezug auf die Regelung der Entschädigungsfrage hervorgehoben, daß es sich darum handele, unseren Strafprozeß von den ihm anhaftenden Mängeln zu befreien. (Daß diese Regelung jetzt selbständig erfolgt ist, beruht nur darauf, daß die beabsichtigte Reform der Strafprozeßordnung noch nicht hat durchgeführt werden können.) Mit der Auffassung, daß es sich um ein Gesetz über das Verfahren in Strafsachen handelt, stimmt es auch überein, daß auch bezüglich der militärgerichtlich Verurteilten die Vorschriften über die Entschädigung in der Militärstrafgerichtsordnung ihre Stelle gefunden haben. Auch Lessing (S. 55) bezeichnet das Gesetz vom 20. Mai 1898 als ein solches strafprozessualer Natur. Ist aber das Gesetz von 1898 ein Gesetz über das Verfahren in Strafsachen, dann ist es auch das vorliegende von 1904, da es ein jenem völlig gleichartiges ist. Der Annahme, daß die Anwendbarkeit der Gesetze von 1898 und 1904 in den Konsulargerichtsbezirken und den Schutzgebieten schon aus § 19 des Gesetzes über die Konsulargerichtsbarkeit und § 8 des Schutzgebietes folge, kann nicht entgegengehalten werden, daß erst im § 71 Abs. 1 des Gesetzes über die Konsulargerichtsbarkeit die Anwendbarkeit des Gesetzes von 1898 und erst in § 11 Abs. 1 des Gesetzes von 1904 die Anwendbarkeit dieses Gesetzes ausdrücklich ausgesprochen worden sei. Der Zweck der Bestimmungen in Abs. 1 der angeführteu §§ 71 und 11 geht dahin, die für die Konsulargerichtsbezirke notwendigen

Einschränkungen des in § 19 des Gesetzes über die Konsulargerichtsbarkeit ausgesprochenen Grundsatzes der allgemeinen Anwendbarkeit aufzustellen. Sollte aber behauptet werden, daß der Zweck der Bestimmung in Abs. 1 der angeführten §§ 71 und 11 der sei, überhaupt erst die Anwendbarkeit der Entschädigungsgesetze auf die vor die Konsulargerichte gehörigen Sachen auszusprechen, so würden jene Bestimmungen insoweit allerdings mit Rücksicht auf die Vorschrift des § 19 des Gesetzes über die Konsulargerichtsbarkeit ein superfluum enthalten.

Vgl. im übrigen darüber, welche Sachen zur Zuständigkeit der Schutzgebietsgerichte gehören, wo der Antrag auf Entschädigung anzubringen ist, welche Stelle die Entscheidung über den Antrag zu treffen hat, welches Gericht für die Entscheidung zuständig, welche Kasse zahlungspflichtig ist, usw. die Ausführungen S. 102 Anm. 11.

§ 12. Die Vorschriften dieses Gesetzes finden auf Angehörige eines auswärtigen Staates nur insoweit Anwendung, als nach einer im Reichs-Gesetzblatt enthaltenen Bekanntmachung durch die Gesetzgebung dieses Staates oder durch Staatsvertrag die Gegenseitigkeit verbürgt ist.

Diese Bestimmung befindet sich im Gesetze vom 20. Mai 1898 nicht.

Es erscheint gerechtfertigt, einen im Wege Rechtens verfolgbaren Anspruch auf Entschädigung für unschuldig erlittene Untersuchungshaft den Angehörigen fremder Staaten nur insoweit zuzugestehen, als die dortige Gesetzgebung oder ein Staatsvertrag die Gegenseitigkeit verbürgt. Die Vorschrift des § 12 schließt aber nicht aus, daß im Einzelfall, auch wenn die gesetzlichen Voraussetzungen nicht vorliegen, doch aus Gründen der Billigkeit eine Entschädigung im Verwaltungswege gewährt wird (Begr. S. 18).

II.

Gesetz, betreffend die Entschädigung der im Wiederaufnahmeverfahren freigesprochenen Personen.

Vom 20. Mai 1898. (RGBl. S. 345 ff.)

Quellen: Entwurf eines Gesetzes, betreffend die Entschädigung der im Wiederaufnahmeverfahren freigesprochenen Personen, nebst Begründung. Drucksachen des Reichstages 5. Session 1897/98 Band I Nr. 22.

Erste Beratung: 3. Sitzung vom 3. Dezember 1897. Stenograph. Berichte Band I S. 24 ff.

Bericht der VII. Kommission. Drucksachen 1897/98 Band III Nr. 119.

Zweite Beratung: 50. Sitzung vom 25. Februar 1898 und 67. Sitzung vom 22. März 1898. Stenograph. Berichte Band II S. 1249 ff., Band III S. 1689 ff.

Dritte Beratung: 71. Sitzung vom 28. März 1898. Stenograph. Berichte Band III S. 1810 ff.

---

§ 1. Personen, welche im Wiederaufnahmeverfahren freigesprochen oder in Anwendung eines milderen Strafgesetzes mit einer geringeren Strafe belegt werden, können Entschädigung aus der Staatskasse verlangen, wenn die früher erkannte Strafe ganz oder teilweise gegen sie vollstreckt worden ist. Das Wiederaufnahmeverfahren muß die

Unschuld des Verurteilten bezüglich der ihm zur Last gelegten Tat oder bezüglich eines die Anwendung eines schwereren Strafgesetzes begründenden Umstandes ergeben oder doch dargetan haben, daß ein begründeter Verdacht gegen den Angeklagten nicht mehr vorliegt.

Außer dem Verurteilten haben diejenigen, denen gegenüber er kraft Gesetzes unterhaltspflichtig war, Anspruch auf Entschädigung.

Der Anspruch auf Entschädigung ist ausgeschlossen, wenn der Verurteilte die frühere Verurteilung vorsätzlich herbeigeführt oder durch grobe Fahrlässigkeit verschuldet hat.

Die Versäumung der Einlegung eines Rechtsmittels ist nicht als eine Fahrlässigkeit zu erachten.

1. Die Vorschriften des Gesetzes sind anzuwenden in allen Hauptverhandlungen, die seit seinem Inkrafttreten im Wiederaufnahmeverfahren stattfinden, und zwar auch dann, wenn die Strafe schon vor diesem Zeitpunkte vollstreckt worden ist.

2. Durch das Gesetz ist den in Abs. 1 und 2 bezeichneten Personen ein Anspruch auf Entschädigung aus der Staatskasse als gerichtlich verfolgbares Recht gewährt worden. Die Gewährung dieses gesetzlichen Entschädigungsanspruches ist aber an folgende vier Voraussetzungen geknüpft:

a) der Angeklagte muß im Wiederaufnahmeverfahren freigesprochen oder in Anwendung eines milderen Strafgesetzes mit einer geringeren Strafe belegt sein;

b) das Wiederaufnahmeverfahren muß seine Unschuld bezüglich der ihm zur Last gelegten Tat oder bezüglich eines die Anwendung eines schwereren Strafgesetzes begründenden Umstandes ergeben oder — was gleichbedeutend sein soll — dargetan haben, daß ein begründeter Verdacht gegen ihn nicht mehr vorliegt;

c) die früher erkannte Strafe muß ganz oder teilweise gegen ihn vollstreckt sein;

d) der Verurteilte darf die frühere Verurteilung nicht selbst vorsätzlich herbeigeführt oder durch grobe Fahrlässigkeit verschuldet haben.

Nur wenn diese vier Voraussetzungen gegeben sind, liegt eine gesetzliche Entschädigungspflicht des Staates und dementsprechend für die benannten Personen ein klagbares Recht auf Entschädigung vor.

3. a) Der Entschädigungsanspruch besteht nur für Personen, die „im Wiederaufnahmeverfahren" (§§ 399 ff. StrPrO.) freigesprochen oder mit einer geringeren Strafe belegt sind. Wird auf die Revision eines Angeklagten zu Gunsten von Mitangeklagten gemäß § 397 StrPrO. in der Revisionsinstanz ein Urteil aufgehoben und war gegen diese die Strafe aus dem aufgehobenen Urteile schon ganz oder teilweise vollstreckt, so kann von ihnen gleichwohl eine Entschädigung auf Grund dieses Gesetzes nicht gefordert werden, da die etwaige Freisprechung nicht „im Wiederaufnahmeverfahren" erfolgt ist.

Ferner kann auf Grund dieses Gesetzes niemals eine Entschädigung beansprucht werden für unschuldig erlittene Strafen, die durch amtsrichterlichen Strafbefehl (§§ 447 ff.), polizeiliche Strafverfügung (§§ 453 ff.) oder Strafbescheid der Verwaltungsbehörden (§§ 459 ff.) festgesetzt worden sind, da es hingegen eine Wiederaufnahme des Verfahrens nicht gibt. Diese setzt immer ein rechtskräftiges, in der Sache selbst ergangenes Urteil voraus. S. Loewe, S. 832 Anm. 1 zum 4. Buche, Lessing S. 16, Woermann S. 1.

b) Der Angeklagte muß im Wiederaufnahmeverfahren

freigesprochen sein. Eine Freisprechung liegt nicht vor, wenn das Urteil lautet auf Einstellung des Verfahrens (§ 259 StrPrO.), oder auf Unzulässigkeit der Strafverfolgung z. B. in den Fällen der §§ 4 bis 6 StrGB. (Begehung im Auslande), oder wegen eingetretener Verjährung (§ 66), oder wegen Mangels der Ermächtigung in den Fällen der §§ 99, 101, 197, oder weil der erforderliche Strafantrag nicht gestellt oder zurückgenommen ist (§§ 61, 64). S. auch S. 45, 46.

Als Freisprechung ist es ferner nicht anzusehen, wenn bei Beleidigung oder Körperverletzung der Angeklagte für straffrei erklärt wird (§§ 199, 233 StrGB., § 500 StrPrO.). So auch Woermann S. 47, Lessing S. 41, Loewe S. 1008 Anm. 1a zu § 1.

Dagegen steht es der Freisprechung gleich, wenn Unzulässigkeit der Strafverfolgung oder Einstellung des Verfahrens ausgesprochen wird, weil der Angeklagte bei Begehung der Handlung das zwölfte Lebensjahr nicht vollendet hatte. So auch Entsch. d. RG. in Strafs., Bd. 20 S. 46; Woermann S. 47, Lessing S. 41; Loewe S. 1008 Anm. 1a.

c) Außer den Freigesprochenen können diejenigen eine Entschädigung verlangen, die im Wiederaufnahmeverfahren mit einer geringeren Strafe belegt werden, wenn hierbei ein milderes Strafgesetz als bei der früheren Verurteilung zur Anwendung gelangt. Beide Voraussetzungen müssen aber zusammen vorliegen; liegt nur eine vor, wird zwar ein milderes Strafgesetz angewandt, aber auf dieselbe Strafe erkannt wie früher, oder wird der Angeklagte zwar mit einer geringeren Strafe als früher belegt, aber auf Grund desselben auch früher angewandten Strafgesetzes, dann wird ein Entschädigungsanspruch nicht gewährt.

Als milderes Strafgesetz ist dasjenige anzusehen, welches eine der Art oder (bei gleicher Strafart) dem Maße nach geringere Strafe zuläßt als das früher angewandte. Loewe, Anm. 24 zu § 399: „Unter dem milderen Strafgesetz kann nur das in abstracto eine geringere Strafandrohung enthaltende verstanden werden." Reichsgericht: „Lediglich die Strafandrohungen in thesi sind maßgebend." (Entsch. in Straff. Bd. 5 S. 422, Bd. 24 S. 58, Bd. 30 S. 284, Bd. 33 S. 187). Hierbei ist aber nicht bloß die ordentliche, sondern auch die für den Fall mildernder Umstände vorgesehene außerordentliche Strafe in Betracht zu ziehen (Entsch. Bd. 30 S. 284; Rechtspr. Bd. 10 S. 159). Auch kommen für die Frage, ob ein milderes Strafgesetz vorliegt, nicht bloß die Hauptstrafen, sondern auch die Nebenstrafen in Betracht. (Vgl. hierzu Entsch. Bd. 5 S. 420, Bd. 17 S. 193, Bd. 32 S. 489.)

Eine geringere Strafe ist sowohl die der früheren an Höhe nachstehende, als auch die der Art nach minder schwere. Bezüglich der Art stufen sich die Strafen der Schwere nach folgendermaßen ab: Todesstrafe, Zuchthausstrafe, Gefängnisstrafe, Festungshaft, Haft, Geldstrafe, Verweis.

4. a) Eine fernere Voraussetzung für die Entschädigungspflicht des Staates ist, daß die früher erkannte Strafe ganz oder teilweise gegen den Verurteilten vollstreckt worden ist. Hierbei kommt es auf die Art der Strafe nicht an. Die allgemeine Fassung „Strafe" trifft sowohl die Fälle einer verbüßten Freiheitsstrafe, als auch diejenigen, in denen auf Todesstrafe, Geldstrafe, Verweis erkannt worden war. Auch die sogen. korrektionelle Nachhaft (§ 362 StrGB.) fällt darunter, sie ist als Strafe im Sinne dieses Gesetzes anzusehen. Näheres s. S. 108 Anm. 2 f zu § 2. Zu den hier gemeinten Strafen gehören ferner die gerichtlich erkannten Nebenstrafen. Auch für diese ist, wenn sie vollstreckt sind und insoweit durch ihre Vollstreckung dem Verurteilten ein Vermögensschaden entstanden ist, Ersatz zu leisten. Vgl. aber hierzu die näheren Ausführungen in Anm. 2 d—h zu § 2 S. 105 ff.

Die Buße ist keine Strafe. S. S. 109 Anm. 2h zu § 2.

b) Wegen der Bedeutung des Wortes „vollstreckt" s. S. 104 Anm. 2a zu § 2.

Anrechnung der Untersuchungshaft gemäß § 60 StrGB., § 482 StrPrO. gilt als Strafvollstreckung. S. S. 55 Anm. 1c und S. 105 Anm. 2b.

c) Das Gesetz schließt auch die Fälle in sich, daß die Wiederaufnahme gegenüber einer Gesamtstrafe zu teilweiser Freisprechung geführt hat und die nunmehr erkannte Strafe geringer ist als die bereits vollstreckte. „Einer besonderen Vorschrift für diese Fälle bedurfte es nicht. Es kann keinem Zweifel unterliegen, daß sie durch die Vorschriften des ersten Absatzes mit umfaßt werden" (Begr. S. 4).

5. a) Das Gesetz gewährt nur denjenigen einen Entschädigungsanspruch, deren Unschuld im Wiederaufnahmeverfahren zu Tage getreten ist. „Jede Gewährung von Entschädigungen aus öffentlichen Mitteln an solche Personen, die nicht für unschuldig befunden sind, würde mit dem natürlichen Rechtsgefühl in Widerspruch treten" (Begr. S. 8).

Wenn das Gesetz die Zubilligung einer Entschädigung davon abhängig gemacht, daß das Wiederaufnahmeverfahren die Unschuld ergeben haben muß, so ist damit zunächst außer Zweifel gestellt, daß die bloße Freisprechung (und namentlich ein bloßes ‚non liquet') noch keinen Entschädigungsanspruch begründen kann. Hinzukommen muß vielmehr, um eine Entschädigung aus der Staatskasse verlangen zu können, daß die Wiederaufnahme die Unschuld des Verurteilten ergeben hat. Von einer näheren Bestimmung des Begriffes „Unschuld" hat das Gesetz abgesehen. Die Erklärung ist der Rechtsprechung überlassen. Hierbei ist aber davon auszugehen, daß es zur Feststellung der Unschuld nicht des positiven Beweises bedarf, daß der

Angeklagte die ihm zur Last gelegte Tat nicht begangen hat oder nicht begangen haben kann. Es genügt, „wenn der gegen den Verurteilten vorhanden gewesene Verdacht vollständig beseitigt ist." Das ist in der Begründung zum Entwurfe des Gesetzes von 1904 ausdrücklich hervorgehoben (S. 6), wobei gleichzeitig betont wurde, daß hinsichtlich der Erfordernisse für die Feststellung der Unschuld beide Gesetze von derselben Auffassung ausgehen. Es gilt daher auch hier durchweg das S. 44, 45 Anm. 4a und b Gesagte.

b) Ein Anspruch ist übrigens nicht nur dann begründet, wenn die Unschuld des Verurteilten bezüglich der ganzen ihm zur Last gelegten Tat nachgewiesen ist, sondern auch dann, wenn im Wiederaufnahmeverfahren dargetan wird, daß er wegen des erschwerenden Umstandes unschuldig verurteilt ist. Ein solcher Fall würde z. B. vorliegen, wenn ein wegen Fälschung einer öffentlichen Urkunde in gewinnsüchtiger Absicht auf Grund des § 268 StrGB. zu mehrjähriger Zuchthausstrafe Verurteilter im Wiederaufnahmeverfahren auf Grund des § 267 wegen einfacher Urkundenfälschung zu einer kurzen Gefängnisstrafe verurteilt ist, weil erwiesen wurde, daß die gewinnsüchtige Absicht bei der Fälschung nicht vorgelegen hat; oder wenn ein wegen Körperverletzung mit Todeserfolg auf Grund des § 226 zu Freiheitsstrafe Verurteilter im Wiederaufnahmeverfahren auf Grund des § 228 zu einer geringeren Freiheitsstrafe verurteilt ist, weil die frühere Annahme des Gerichts, daß der Tod des Verletzten durch die Körperverletzung verursacht worden sei, als unrichtig widerlegt wurde. In diesen Fällen würde der Verurteilte wegen der zu Unrecht verbüßten Strafe eine Entschädigung beanspruchen können.

c) Der erwiesenen Unschuld ist, ebenso wie im Gesetz von 1904, der Fall gleichgestellt, wenn das Wiederaufnahmeverfahren dargetan hat, daß ein begründeter

Verdacht gegen den Angeklagten nicht mehr vorliegt. Diese Bestimmung war in dem Regierungsentwurfe nicht enthalten. Gleichwohl stand die Regierungsvorlage grundsätzlich auf demselben Standpunkt. In der Begründung zum Entwurfe heißt es (S. 5): „Die Ersatzpflicht soll zwar nur eintreten, wenn die Verhandlungen die Unschuld des Verurteilten bezüglich der ihm zur Last gelegten Tat oder bezüglich eines die Anwendung eines schwereren Strafgesetzes begründenden Umstandes ergeben haben. Diese Voraussetzung wird aber auch dann vorliegen, wenn das Gericht die Verdachtsgründe, auf welche die Annahme der Täterschaft des Verurteilten oder die Annahme des die Anwendung eines schwereren Strafgesetzes begründenden Umstandes gestützt war, als vollständig beseitigt ansieht." Demgegenüber wurde in der Kommission der Wunsch ausgesprochen, man solle „die Motive in den Gesetzestext hereinziehen, so daß also in allen Fällen eine Entschädigung zu gewähren sei, wo die Verdachtsgründe, auf welche sich die frühere Verurteilung stützte, beseitigt seien" (KomBer. S. 3). Es wurde dann beantragt, der Regierungsvorlage im zweiten Satze hinter dem Worte „ergeben" die Worte hinzuzufügen: „oder die Verdachtsgründe, auf welche die Annahme der Täterschaft des Verurteilten oder die Annahme des die Anwendung eines schwereren Strafgesetzes begründenden Umstandes gestützt war, beseitigt." Diesem Antrage wurde seitens der Vertreter der verbündeten Regierungen nicht entgegengetreten, er wurde einstimmig angenommen (KomBer. S. 5 u. 6). In der zweiten Kommissionslesung wurde dann beantragt, dem Zusatze folgende Fassung zu geben: „oder dargetan haben, daß wesentliche Verdachtsgründe, auf welche die Annahme der Täterschaft des Verurteilten oder die Annahme des die Anwendung eines schwereren Strafgesetzes begründenden Umstandes gestützt war, nicht mehr vorliegen." Seitens der Regierungsvertretung wurde gegenüber diesem Antrage bemerkt, daß Verdachtsgründe, die nicht wesentliche seien, überhaupt nicht als Verdachtsgründe gelten können." Nunmehr änderte der Antragsteller seinen Antrag dahin ab, zu sagen: „oder doch dargetan haben, daß ein begründeter Verdacht gegen den Angeklagten nicht mehr vorliegt." Diese Fassung ist dann Gesetz geworden. Hieraus geht zunächst hervor, daß für die Frage, wann ein begründeter Verdacht bestehen bleibt, unwesentliche Verdachtsgründe überhaupt nicht in Betracht kommen. Im übrigen hat mit den Worten „begründeter Verdacht" keineswegs ein besonderer Grad des Verdachts verlangt, vielmehr nur dem Gedanken Ausdruck gegeben werden sollen, daß der Verdacht auf tatsächlicher Unterlage und nicht bloß auf haltlosen Vermutungen beruhen müsse. S. auch S. 47. Die früheren wesentlichen Verdachtsgründe müssen im Wiederaufnahmeverfahren als unrichtig widerlegt sein. Im allgemeinen wird man annehmen können, daß ein „begründeter Verdacht" dann nicht mehr vorliegt, wenn die Wahrscheinlichkeit, daß der Angeklagte die Tat begangen habe, nicht mehr besteht, mag auch die Möglichkeit seiner Täterschaft nicht ganz ausgeschlossen sein.

Auch für den Fall, daß ein begründeter Verdacht nicht mehr vorliegt, gilt das unter 5 b bezüglich des Falles der erwiesenen Unschuld Gesagte: nicht nur dann, wenn der Verdacht bezüglich der ganzen dem Verurteilten zur Last gelegten Tat, sondern auch dann, wenn der Verdacht wegen des erschwerenden Umstandes im Wiederaufnahmeverfahren beseitigt wurde, ist ein Entschädigungsanspruch begründet, (sofern die sonstigen Voraussetzungen vorliegen).

6. Außer dem Verurteilten selbst hat das Gesetz auch denjenigen Personen einen Entschädigungsanspruch beigelegt, denen gegenüber er kraft Gesetzes unterhaltspflichtig war. Dies steht im Einklange mit den in der neueren Reichsgesetzgebung, insbesondere in dem

Haftpflichtgesetz und in den die Versorgung der Arbeiter regelnden Gesetzen, durchgeführten Grundsätzen und entspricht der Billigkeit (Begr. S. 5).

Dadurch, daß nur den „kraft Gesetzes“ Unterhaltsberechtigten ein Ersatzanspruch gewährt wird, ist der Kreis der Entschädigungsberechtigten wesentlich eingeengt. Der Ausdruck „kraft Gesetzes“ ist durchaus im engen Sinne auszulegen und läßt keine Ausdehnung auf solche Personen zu, denen aus einem anderen Rechtsgrunde ein Unterhaltsanspruch zusteht. Hiernach kommen insbesondere irgendwelche vertraglich erworbene Unterhaltsrechte für den Entschädigungsanspruch nicht in Betracht. S. die näheren Ausführungen S. 49 Anm. c. Für die Frage, wer kraft Gesetzes unterhaltsberechtigt ist, sind die Vorschriften des bürgerlichen Rechtes maßgebend. S. S. 48 Anm. 5b, S. 49 Anm. 5c.

Der Entschädigungsanspruch steht den gesetzlich Unterhaltsberechtigten als selbständiges Recht zu, er ist unabhängig von dem Anspruche des Freigesprochenen. Verzicht durch diesen hebt das Anspruchsrecht der Unterhaltsberechtigten nicht auf. S. S. 49 Anm. d.

7. Wegen der Ansprüche der Erben des Verurteilten gilt sinngemäß das bezüglich der Erben des Verhafteten S. 50 Anm. 6 Gesagte. Sie haben nur dann einen Anspruch, wenn der Entschädigungsbeschluß noch bei Lebzeiten des Verurteilten gemäß § 4 ergangen war. Erst durch den gemäß § 4 ergehenden Beschluß wird überhaupt ein Entschädigungsanspruch ins Leben gerufen und dieser ein vererblicher Bestandteil des Vermögens des Verurteilten. In der Begründung des Entwurfes heißt es (S. 6): „Nach der Auffassung des Entwurfs ist der Anspruch des Freigesprochenen auf Entschädigung aus der Staatskasse rechtlich begründet, sobald das im Wiederaufnahmeverfahren erkennende Gericht mittels des im § 4

vorgesehenen Beschlusses die Ersatzpflicht der Staatskasse ausgesprochen hat." Ebenso Loewe S. 1009 Anm. 8, S. 10012 Anm. 2, S. 851 Anm. 5, Woermann S. 51. S. auch die S. 69 angeführte Entsch. d. RG. in Civils. Bd. 55, S. 899. Lessings Ansicht S. 43 III bedarf hiernach einer Einschränkung.

8. Von dem Grundsatze, daß jedem im Wiederaufnahmeverfahren Freigesprochenen unter der im ersten Absatze bezeichneten Voraussetzung ein Anspruch auf Entschädigung zustehen soll, ist nur eine, in der Natur der Sache begründete Ausnahme gemacht. Der Anspruch soll ausgeschlossen sein, wenn die frühere Verurteilung vom Angeklagten selbst vorsätzlich herbeigeführt oder durch grobe Fahrlässigkeit verschuldet ist. Vgl. hierzu die Ausführungen S. 52 u. 58.

Nicht jede Fahrlässigkeit schließt den Anspruch auf Entschädigung aus, sondern nur eine grobe. Ob eine grobe Fahrlässigkeit vorliegt, ist eine Tatfrage, die nach Lage des einzelnen Falles vom Gerichte nach freiem Ermessen zu entscheiden ist. Nach der Begründung (S. 5) wird sie „voraussichtlich in der Regel vorliegen, wenn die frühere Verurteilung im Kontumazialverfahren (§§ 230, 231 StrPrO.) ergangen ist". Doch wird auch hier von Fall zu Fall zu prüfen sein, geistige Beschränktheit und Unbeholfenheit werden auch hier entschuldigend wirken können. Nach der ausdrücklichen Bestimmung des Gesetzes darf aber die Versäumung der Einlegung eines Rechtsmittels niemals als Fahrlässigkeit angesehen werden. In der Begründung der Regierungsvorlage war als Beispiel einer groben Fahrlässigkeit auch die Versäumung der Einlegung eines gegebenen Rechtsmittels angeführt. In der Kommission wurde aber der gegenteilige Standpunkt vertreten: „der Glaube an die Autorität des verurteilenden Gerichtes könne doch keinesfalls als grobe Fahrlässigkeit angesehen werden" (KomBer. S. 6). Die Zusatzbestimmung in Abs. 5 wurde dann in der Kommission einstimmig angenommen.

9. Das Gesetz findet auf die im militärgerichtlichen Verfahren verurteilten Personen entsprechende Anwendung. §§ 465 ff. MStrGO. vom 1. Dezember 1898. S. S. 117, 127 die Anm. 1c und 1e zu §§ 3 und 5.

10. In den zur Zuständigkeit der Konsulargerichte gehörigen Sachen findet das Gesetz gemäß § 19 Nr. 2 des Gesetzes über die Konsulargerichtsbarkeit vom 7. April 1900 (RGBl. S. 213 ff.) als „Reichsgesetz über das Verfahren in Strafsachen" Anwendung. S. auch S. 88 Anm. 5. Die für die Konsulargerichtssachen erforderlichen Sondervorschriften sind gegeben in § 71 dieses Gesetzes. Dort heißt es:

„Das Gesetz, betreffend die Entschädigung der im Wiederaufnahmeverfahren freigesprochenen Personen, vom 20. Mai 1898 findet mit folgenden Maßgaben Anwendung.

An die Stelle der Staatsanwaltschaft des Landgerichts tritt der Konsul. Die im § 5 Abs. 3 vorgesehene Ausschlußfrist beträgt sechs Monate. Für die Ansprüche auf Entschädigung ist das Reichsgericht in erster und letzter Instanz zuständig."

Wegen der Frage, welche Sachen zur Zuständigkeit der Konsulargerichte gehören, s. S. 87 Anm. 2 a—c. Vgl. auch S. 117 Anm. 1c zu § 3, S. 128 Anm. 1e zu § 5.

11. Das Gesetz findet auch in den deutschen Schutzgebieten entsprechende Anwendung. § 3 des Schutzgebietsgesetzes in der Fassung vom 10. September 1900 (RGBl. S. 813 ff.)

An die Stelle des Konsulargerichts tritt das Gericht des Schutzgebiets, an die Stelle des Konsuls der von dem Reichskanzler zur Ausübung der Gerichtsbarkeit ermächtigte Beamte.

Zur Zuständigkeit der Schutzgebietsgerichte gehören die in § 10 Abs. 1 des Ges. über die Konsulargerichtsbarkeit bezeichneten Sachen (s. S. 87 Anm. 2a), außerdem aber sind in Schwurgerichtssachen auch hier die Gerichte erster Instanz zuständig (§§ 2, 6 Nr. 4 des Schutzgebietsgesetzes, § 7 der Kaiserl. Verordnung betreffend die Rechtsverhältnisse in den deutschen Schutzgebieten vom 9. November 1900, RGBl. S. 1005.

Auch hier bleibt indessen die Militärgerichtsbarkeit unberührt (§ 5 des Schutzgeb.-Ges.).

Die Bestimmung in Abs. 2 Satz 1 § 71 des Ges. über d. Konsulargerichtsbarkeit, daß an die Stelle der Staatsanwaltschaft der Konsul tritt, ist für die Schutzgebiete abgeändert; der Antrag gemäß § 5 ist, wenn es sich um Verbrechen oder Vergehen handelt, bei der Staatsanwaltschaft zu stellen (§ 6 Nr. 2a des Schutzgeb.-Ges. § 5 der Kaiserl. Verordn. v. 9. November 1900).

Zuständig für die Entscheidung über den Antrag ist der Reichskanzler (§ 3 des Schutzgeb.-Ges., § 28 Abs. 3 des Ges. über d. Konsulargerichtsbarkeit).

Im Falle der Berufung auf den Rechtsweg sind für die Ansprüche auf Entschädigung besondere für die Schutzgebiete errichtete Gerichtsbehörden zweiter Instanz zuständig mit der Maßgabe, daß das Gericht aus dem zur Ausübung der Gerichtsbarkeit ermächtigten Beamten und vier Beisitzern besteht. Dabei ist das Schutzgebiet von Togo der Gerichtsbehörde zweiter Instanz im Schutzgebiete von Kamerun, das Schutzgebiet von Kiautschou dem Kaiserlichen Konsulargericht in Shanghai, das Inselgebiet der Karolinen, Palau und Marianen der Gerichtsbehörde zweiter Instanz im Schutzgebiete von Deutsch-Neuguinea unterstellt (§ 6 Nr. 6 d. Schutzgeb.-Ges., § 8 der Kaiserl. Verordn.).

Zahlungspflichtige Kasse (§ 8 des Ges.) ist der Fiskus des einzelnen Schutzgebietes (Gesetz über die Einnahmen und Ausgaben der Schutzgebiete vom 30. März 1892 — RGBl. S. 369 — § 5: „Für die aus der Verwaltung eines Schutzgebiets entstehenden Verbindlichkeiten haftet nur das Vermögen dieses Gebiets“).

Für die Marschall-, Brown- und Providence-Inseln aber, wo die Jaluitgesellschaft dem Deutschen Reiche die Verwaltungskosten zu ersetzen hat, ist die Reichskasse die zahlungspflichtige Kasse (s. § 7 d. Ges. v. 30. 3. 1892).

Vertreten wird der Fiskus im Rechtsstreite der Regel nach auch hier durch den Reichskanzler (Reichs-Marine-Amt), in einzelnen Schutzgebieten aber auch durch den Gouverneur (Landeshauptmann), nämlich sofern ihm die selbständige Verwaltung der betreffenden Vermögensbestände übertragen ist.

§ 2. Gegenstand des dem Verurteilten zu leistenden Ersatzes ist der für ihn durch die Strafvollstreckung entstandene Vermögensschaden.

Unterhaltsberechtigten ist insoweit Ersatz zu leisten, als ihnen durch die Strafvollstreckung der Unterhalt entzogen worden ist.

1. § 2 regelt den Umfang des Ersatzanspruchs und zwar in Abs. 1 für den Verurteilten selbst, in Abs. 2 für die Unterhaltsberechtigten. Bezüglich des Verurteilten heißt es in der Begründung S. 5: „Bei der Abschätzung des Schadensersatzes soll nur derjenige Schaden berücksichtigt werden, welcher dem Verurteilten durch die Strafvollstreckung in seinem Vermögen erwachsen ist. Der Schaden umfaßt aber jede Verschlechterung der wirtschaftlichen Lage, welche sich in Geldwert ausdrücken läßt". Hieraus ergibt sich im einzelnen folgendes:

2. a) Nur der durch die Strafvollstreckung verursachte Vermögensschaden, nicht aber jeder durch die Strafverfolgung überhaupt entstandene, wird ersetzt. Für den Schaden also, der durch das vor der Strafvollstreckung liegende Verfahren und die Verurteilung selbst entstanden ist, wird ein Ersatz nicht gewährt. Der Ausdruck „Strafvollstreckung" umfaßt aber ferner noch keineswegs ohne weiteres den Eintritt

aller derjenigen Wirkungen, die die Verurteilung als gesetzliche Folgen für den Verurteilten nach sich zieht; vielmehr ist unter der Strafvollstreckung im Sinne der §§ 1 und 2 des Gesetzes nur die eigentliche Vollstreckung der erkannten Strafe (§§ 481 ff. StrPrO.) zu verstehen. Wäre beabsichtigt gewesen, in den Bereich der Entschädigung alles dasjenige hineinzuziehen, was hinter der Verurteilung liegt und als deren Folge anzusehen ist, so würde der Gesetzgeber anstatt einengend von dem „durch die Strafvollstreckung entstandenen Vermögensschaden" sicherlich allgemeiner von dem „durch die Verurteilung entstandenen Schaden" gesprochen haben.

b) Wird nach § 60 StrGB. oder § 482 StrPrO. auf eine erkannte Strafe eine erlittene Untersuchungshaft angerechnet, so ist auch für den durch diese entstandenen Vermögensschaden Ersatz zu leisten, denn die angerechnete Untersuchungshaft ist als Teil der Strafvollstreckung anzusehen. S. S. 55 Anm. 2c. So auch Loewe S. 1009 Anm. 1c zu § 1.

c) In denjenigen Fällen, in denen im Wiederaufnahmeverfahren auf eine geringere Strafe erkannt wird, kann ein Schadensersatz nur insoweit beansprucht werden, als die neu erkannte Strafe hinter der vollstreckten Strafe zurückbleibt. Einer besonderen Bestimmung hierüber im Gesetze bedurfte es nicht (Begr. S. 5).

d) Für den Vermögensschaden, den der Verurteilte erleidet durch den unter bestimmten Voraussetzungen von Rechts wegen eintretenden Verlust des Amtes oder der Dienststelle (§§ 31, 33, 35, 36 RStrGB., §§ 30, 32, 34, 35 MStrGB.) gewährt das Gesetz keinen Ersatzanspruch. Zu dieser Annahme führen insbesondere zwei Erwägungen. Zunächst sind Amtsverlust und Verlust der Dienststelle nicht kriminelle, in dem Strafurteil auszusprechende Strafen, sondern eine Wirkung, die gesetzlich an die Verhängung gewisser Strafen geknüpft ist. Die Vorschriften, die diese Wirkungen bestimmen, sind Vorschriften des Beamtenrechtes. Daran wird nichts geändert dadurch, daß sie nebenher auch in das Strafrecht aufgenommen sind. Vgl. für Preußen die diszipl. Gesetze vom 7. Mai 1851 § 6 und vom 21. Juli 1852 § 7. Der Sinn dieser Vorschrift ist der: daß die rechtskräftige Verhängung einer der dort bezeichneten Strafen eine Tatsache ist, die das zwischen dem Staate und dem Beamten bestehende Rechtsverhältnis ohne weiteres kraft Gesetzes auflöst. So richtig Loewe S. 864 Anm. 4a zu § 413. S. auch Entsch. d. R. in Civils. Bd. 42 S. 284. Zweitens aber kann bei diesen als Rechtsfolge gewisser Strafen eintretenden Wirkungen keinesfalls von einer Strafvollstreckung — die nach §§ 1 u. 2 Voraussetzung der Entschädigungsgewährung ist — die Rede sein. Nach den oben angeführten Bestimmungen des RStrGB. und des MStrGB. tritt der Verlust des Amtes oder der Dienststelle von Rechts wegen, d. h. durch die Rechtskraft des Strafurteiles ohne weiteres ein; die formelle Rechtskraft des Urteiles hat den Verlust unmittelbar zur Folge. Eine andere Deutung lassen die Vorschriften der §§ 36 RStrGB. 35 MStrGB. nicht zu. S. die angeführte Entsch. d. RG. Daß es sich bei dieser als unmittelbare Rechtsfolge der Verurteilung eintretenden Wirkung nicht um einen Akt der Strafvollstreckung handelt, geht auch daraus hervor, daß jene Folge des Amtsverlustes auch dann eintritt, wenn die Vollstreckung der die Voraussetzung des Amtsverlustes bildenden Strafen nicht erfolgt, mag der Grund der Nichtvollziehung in einer Anrechnung der Untersuchungshaft, in der Verjährung des Strafvollzugs oder in einem Erlaß der Strafe liegen (es sei denn, daß auch jene Unfähigkeit im Gnadenwege beseitigt worden wäre). Preuß. Just. Min. Reskr. vom 11. September 1856 (Müller, Preuß. Justizverwaltg. Bd. I S. 849). Oppenhoff, Strafgesetzb. § 81 Anm. 2, Koppmann Kom. z. MStrGB. 8. Aufl. S. 115 Anm. 9. Ebenso Olshausen Anm. 4 zu § 31: „Da es sich (bei der dauernden Unfähigkeit zur Bekleidung öffentlicher Ämter) um notwendige Folgen handelt, so ist hinsichtlich derselben von keiner Vollstreckung die Rede und finden deshalb alle die von Vollstreckung von Strafen handelnden Vorschriften auf dieselben keine Anwendung." Laband, Staatsrecht, 4. Aufl. Bd. I S. 494: „Von Rechts wegen hört das Dienstverhältnis auf durch ein rechtskräftiges richterliches Erkenntnis, wenn durch dasselbe der Beamte zu einer Zuchthausstrafe verurteilt wird usw. (§§ 81, 33, 35, 36 StrGB.)." Es kann daher auch aus diesem zweiten Grunde für den aus dem Verluste des Amtes oder der Dienststelle entstehenden Vermögensschaden (Gehaltsverlust, Entwertung der Dienstuniformen, Verlust der Aussicht auf Pension usw.) ein Ersatz nicht gefordert werden.

e) Für Vermögensnachteile (Kosten, Geschäftsverluste usw.), die der Freigesprochene durch öffentliche Bekanntmachung der Verurteilung (gemäß §§ 165, 200 StrGB., § 16 Nahrungsmittelges. vom 14. Mai 1879, § 17 Markenschutzges. vom 30. November 1874, § 36 Patentges. vom 7. April 1891, § 13 Ges. z. Bekämpf. d. unlaut. Wettbewerbs vom 27. Mai 1896, § 20 Ges. betr. den Verkehr mit Butter usw. vom 15 Juni 1897) erlitten hat, kann dieser Ersatz von der Staatskasse verlangen. Denn die Urteilsbekanntmachung ist als Strafe anzusehen. „Wie die vereinigten Senate des Reichsgerichts im Urteile vom 17. April 1882 entschieden haben, ist die öffentliche Bekanntmachung einer Verurteilung geeignet, das durch die Hauptstrafe verhängte Leiden zu erhöhen, indem sie eine Beschämung des Schuldigen innerhalb des Kreises seiner Bekannten herbeiführt; die gemeine Ansicht findet daher in der Bekanntmachung ein Strafübel. Ist dies aber schon bei der Veröffentlichung aus § 200 StrGB. — auf welche Vorschrift sich jene Plenarentscheidung bezieht — der Fall, so tritt die Wirkung eines Strafübels in weitaus verstärktem Maße hervor bei der Veröffentlichung aus § 16 des Nahrungsmittelgesetzes; denn durch solche Veröffentlichung wird nicht nur eine Beschämung des Beschuldigten innerhalb des Bekanntenkreises, sondern meistens eine Schädigung des Verurteilten an seinem Erwerbe herbeigeführt, indem das Publikum, welches nach dem Zwecke des Gesetzes durch jene Veröffentlichung gewarnt und vor Nachteil bewahrt werden soll, geneigt sein wird, dem Verurteilten seine Kundschaft zu entziehen, ein Nachteil, der unter Umständen den Schuldigen härter treffen kann als die Strafe selbst." (Entsch. d. RG. in Strafs. Bd. 10 S. 207, Bd. 6 S. 180, Bd. 14 S. 8 und 158, Bd. 16 S. 78, Bd. 26 S. 407.) And. Mein. Oppenhoff Anm. 2 zu § 200 StrGB., Olshausen Teil I Abschn. 1 Anm. 5, ferner § 200 Anm. 4.

f) Auch für denjenigen Schaden, den der Verurteilte durch Vollstreckung der gemäß §§ 181 a, 362 Abs. 2 erkannten Überweisung an die Landespolizeibehörde erlitten hat, kann Entschädigung verlangt werden. Die Vollstreckung der Überweisung, die sogen. korrektionelle Nachhaft ist keineswegs (wie Woermann S. 50 sagt) „lediglich eine in das Ermessen der Polizeibehörde gestellte Maßregel"; sie ist zwar auch eine administrative Maßregel, aber außerdem und in erster Linie eine Nebenstrafe im Sinne des Strafgesetzbuches. In den Motiven zum Strafgesetzbuch für d. Norddeutsch. Bund Anhang I, wo die „korrektionelle Nachhaft" ausführlich erörtert wird (Sten. Ber. über d. Verhandl. d. Reichst. d. Nordd. Bund. I. Legisl. Per. Sess. 1870 S. 88 ff.), ist immer von der „Nebenstrafe der Besserungsnachhaft" die Rede und sie wird ausdrücklich „ihrem Wesen und ihrem Zwecke nach wesentlich auf eine Linie gestellt" mit der Nebenstrafe der Stellung unter Polizeiaufsicht. Dieses Wesen der Besserungsnachhaft als einer Strafe im Sinne des Strafgesetzbuches wird dadurch, daß das Gesetz ihre demnächstige Vollstreckung und Dauer in das Ermessen der

Polizeibehörde gestellt hat, keineswegs geändert. Zwischen der Überweisung und der Nachhaft selbst darf nicht unterschieden werden, da sie eng zusammen gehören. So auch RG. Entsch. in Strafs. Bd. 7 S. 438: „Die Überweisung an die Landespolizeibehörde, die sogen. korrektionelle Nachhaft, ist eine Nebenstrafe. Auf die Zulässigkeit derselben hat in den gesetzlichen Fällen das Gericht zu erkennen, wenn es im gegebenen Falle eine solche Maßregel für entsprechend erachtet." Ebenso Loewe S. 1010 Anm. 2: „Zur Strafvollstreckung im Sinne dieses Gesetzes muß auch die korrektionelle Nachhaft gerechnet werden;" Olshausen, § 362 Anm. 2, Ritter, Entschäd. d. im Wiederaufnahmeverf. freigesproch. Personen (Freiburg i. B. 1900) S. 50 (Dissertation). And. M. Woermann a. a. O.

g) Ebenso ist dem Freigesprochenen Ersatz zu leisten für denjenigen Vermögensschaden, der ihm durch Vollstreckung der Nebenstrafe der Stellung unter Polizeiaufsicht (§ 38 RStrGB.) entstanden ist. Ebenso Ritter S. 50, 54.

Vgl. wegen der Nebenstrafen überhaupt S. 95 Anm. 4a zu § 1; wegen der Einziehung von Gegenständen S. 113, Unbrauchbarmachung S. 118, Verfallerklärung S. 114.

h) Dagegen kann eine vom Freigesprochenen früher gezahlte Buße (gemäß §§ 188, 231, 340 StrGB., § 15 d. Ges. vom 30. November 1874 über den Markenschutz, § 16 d. Ges. vom 9. Januar 1876 über das Urheberrecht an Werken der bildenden Künste, § 9 d. Ges. vom 10. Januar 1876 über den Schutz der Photographien, § 14 d. Ges. vom 11. Januar 1876 über das Urheberrecht an Mustern und Modellen, § 37 d. Patentges. vom 7. April 1891, § 11 d. Ges. vom 1. Juni 1891 betr. den Schutz von Gebrauchsmustern, § 18 d. Ges. vom 12. Mai 1894 zum Schutz der Warenbezeichnungen, § 14 d. Ges. vom 27. Mai 1896 zur Bekämpfung des unlauteren Wettbewerbes, § 40 d. Ges. vom 19. Juni 1901 betr. das Urheberrecht an Werken der Literatur und der Tonkunst) auf Grund des § 2 vom Staate nicht zurückverlangt werden. Die Buße ist nach der vorherrschenden richtigen Ansicht ihrer rechtlichen Natur nach keine Strafe, sondern eine in der Entschädigung des Verletzten bestehende Privatgenugtuung. „Die Auferlegung einer Buße ist keine Strafe, es tritt vielmehr die Buße lediglich an die Stelle der zivilrechtlichen Entschädigung für einen zugefügten Nachteil." (Entsch. d. RG. in Straff. Bd. 15 S. 440, Bd. 12 S. 223, Bd. 31 S. 335, Bd. 33 S. 13). S. auch StrPrO. §§ 443ff., Loewe S. 448 Anm. 5, 898 Anm. 3 zu § 443. Die Beitreibung der Buße ist demnach auch nicht als Strafvollstreckung anzusehen. Die Buße kann deshalb nur nach den Vorschriften über die ungerechtfertigte Bereicherung in §§ 812ff. BGB. von dem, der sie erlangt hat, zurückgefordert werden. Ebenso Ritter a. a. O.

3. a) Nur der durch die Strafvollstreckung entstandene Vermögensschaden wird ersetzt. Voraussetzung für die Ersatzleistung ist also, daß die Strafvollstreckung den Vermögensschaden verursacht hat. Ob er aber unmittelbar oder mittelbar durch die Strafvollstreckung entstanden ist, bildet keinen Unterschied.

Das Gesetz geht davon aus, daß der „volle Ersatz des durch die erlittene Strafe zugefügten Vermögensschadens zu leisten ist, mag dieser Schaden die unmittelbare oder mittelbare Folge der Vollstreckung sein." (Vgl. Drucks. d. Reichst. 1885/86 Bd. III Nr. 155, Seite 9, Kom.-Ber. zu der gleichlautenden Bestimmung in § 1 des Ges. Entw. vom 19. November 1885.)

b) Wegen des Begriffes des Vermögensschadens gilt in vollem Umfange sinngemäß das zu § 3 des Gesetzes von 1904 Anm. 3a—c (S. 55ff.) Gesagte. Insbesondere ist auch hier jede Entschädigung für sogen. immaterielle Nachteile an Ehre, Ansehen, Freiheit, Gesundheit, namentlich § 847 BGB. ausgeschlossen. Der zu ersetzende Vermögensschaden umfaßt auch den entgangenen Gewinn (§ 252 BGB.). Auch für denjenigen Schaden, den die Strafvollstreckung für den Erwerb oder das Fortkommen des Verurteilten herbeiführt, ist Ersatz zu leisten. Im übrigen sind für den Umfang des zu leistenden Ersatzes die Vorschriften in §§ 249—253 BGB. maßgebend (s. Anhang S. 167), dagegen kommen die Bestimmungen d. BGB. über die Haftung aus unerlaubten Handlungen (§§ 828 ff.) nur dann in Anwendung, wenn der Schaden unter Verletzung einer Amtspflicht zugefügt ist, und nur gegen denjenigen, der sich der Verletzung der Amtspflicht schuldig gemacht hat.

c) Darüber, ob und in welchem Umfange dem Verurteilten durch die Strafvollstreckung ein Vermögensschaden entstanden ist, entscheidet bei der Verfolgung des Anspruchs im Rechtswege (§ 5 Abs. 3) das Gericht gemäß 287 CPrO. unter Würdigung aller Umstände nach freier Überzeugung.

d) Bei der Vollstreckung der Todesstrafe kommt ein Entschädigungsanspruch des Verurteilten selbst nicht in Frage. Auch die Erben des Verurteilten haben als solche keinen Entschädigungsanspruch, da ja die erste Voraussetzung der Vererblichkeit des Anspruches, daß nämlich dieser dem Freigesprochenen zu Lebzeiten gemäß § 4 zugesprochen und so ein Bestandteil seines Vermögens geworden war, fehlt (s. S. 50 Anm. 6 und S. 100, Anm. 7). Dagegen haben die Unterhaltsberechtigten insoweit Anspruch auf Ersatz, als ihnen durch Vollstreckung der Todesstrafe der Unterhalt entzogen ist (Alimente für die mutmaßliche Dauer des Lebens des Verurteilten) s. S. 57 Anm. 4. Denn der Anspruch der Unterhaltsberechtigten ist ein selbständiger, von dem des Verurteilten unabhängiger, s. S. 49 Anm. d, S. 100 Anm. 6. So auch Loewe S. 1009 Anm. 3, S. 851 Anm. 5, Ritter S. 41, 54, Lessing S. 46. Die Bemerkung Lessings S. 54 unter VII bezüglich der Erben bedarf indessen nach dem oben hinsichtlich der Erben Gesagten einer Einschränkung.

e) Bei unschuldig erlittener Freiheitsstrafe sind zunächst die dem Verurteilten unmittelbar entstandenen Kosten (durch Antritt der Strafe, Stellvertretung während deren Dauer usw.), sodann die in Folge der Vollstreckung erlittenen sonstigen Vermögensverluste und der entgangene Gewinn, besonders auf diejenigen Vermögensnachteile zu ersetzen, die der Verurteilte durch die Vollstreckung in seinem Erwerbe und Fortkommen erlitten hat und für die Zukunft noch erleidet (s. Anm. 3b). Ist im Wiederaufnahmeverfahren nicht auf Freisprechung sondern auf eine geringere Freiheitsstrafe erkannt, so gilt das S. 105 Anm. 2c Gesagte.

Wird die Vollstreckung einer Freiheitsstrafe gemäß § 488 StrPrO. gegen Sicherheitsleistung aufgeschoben, so wird auch für die durch Stellung der Sicherheitsleistung entstandenen Kosten (für Beschaffung und Hinterlegung, Zinsen, für Wiederabnahme der Sicherheit nach deren Freigabe usw.) Ersatz verlangt werden können. Diese Kosten müssen auch als „durch die Strafvollstreckung entstandener" Vermögensschaden angesehen werden, s. auch S. 55 Anm. b. Das Gleiche hat zu gelten, wenn gegen Sicherheitsleistung die Strafvollstreckung unterbrochen wird, mag die Unterbrechung vom Gericht angeordnet sein (§§ 400, 490 StrPrO.) oder von den Verwaltungsbehörden (s. Loewe Anm. 1 zu § 487).

Wegen der sogen. korrektionellen Nachhaft (§ 362 Abs. 2 StrGB.) s. Anm. 2f.

f) Bei Geldstrafen kann natürlich zunächst die gezahlte oder beigetriebene Strafe selbst zurückverlangt werden. Doch ist dieser Anspruch auf Erstattung der Geldstrafe nicht aus § 2 des Gesetzes, vielmehr aus § 812 BGB. herzuleiten. Denn mit der Beseitigung der früheren Verurteilung ist auch der rechtliche Grund zum Empfange der Geldstrafe fortgefallen und daher die Staatskasse zur Herausgabe des ohne Rechtsgrund Erlangten verpflichtet. Deshalb muß die Erstattung der Geldstrafe an den Freigesprochenen in jedem Falle erfolgen, auch wenn eine Entschädigungsverpflichtung der Staatskasse nicht ausgesprochen ist. Dagegen kann für den dem Verurteilten durch Zahlung der Geldstrafe entstandenen weiteren Vermögensschaden (Kosten der Beschaffung oder Einziehung, Verluste, die entstanden sind aus der Unmöglichkeit, das Geld anderweit zu verwenden usw.) Ersatz auf Grund des § 2 verlangt werden. Ebenso Lessing S. 44, Loewe S. 1009 Anm. 2, S. 858 Anm. 4 a, Ritter S. 54, Woermann S. 52, 44.

g) Das Gleiche gilt sinngemäß bezüglich der Einziehung von Gegenständen auf Grund des § 40 StrGB., §§ 94 ff. StrPrO., §§ 229 ff. MStrGO. Die Einziehung ist eine kriminelle Nebenstrafe. In den Motiven zu § 38 des StrGB. für den Norddeutschen Bund (§ 40 RStrGB.) heißt es: „Die Einziehung ist als eine Nebenstrafe aufgefaßt, welche zur Sicherung des Strafzweckes dienen und insbesondere zur Verhütung fernerer strafbarer Handlungen mitwirken soll.“ S. auch Entsch. d. RG. i. Straff. Bd. 12 S. 75, Olshausen § 40 Anm. 1 und 2. Die Rückgabe der Gegenstände selbst kann verlangt werden auf Grund des § 812 BGB., Ersatz für weiteren Vermögensschaden auf Grund des § 2. Ebenso Loewe S. 858 Anm. 4 a, Woermann S. 44. Ist die Herausgabe selbst nicht mehr möglich, so ist der Wert des Gegenstandes zu ersetzen, und zwar der objektive Wert. Maßgebend für die Wertberechnung ist derjenige Zeitpunkt, in dem der Empfänger den Gegenstand, dessen Wert er ersetzen soll, erlangt hat.

h) Dieselben Grundsätze sind auch entsprechend auf die „Unbrauchbarmachung“ von Schriften, Abbildungen oder Darstellungen, Platten usw. (§ 41 RStrGB.) anzuwenden. Allerdings gehen die Ansichten über den Charakter der „Unbrauchbarmachung“ auseinander. Einige erblicken in ihr lediglich eine im Interesse der öffentlichen

Ordnung und Sicherheit gebotene „polizeiliche Präventivmaßregel" (Olshausen § 41 Anm. 1; s. auch Entsch. d. RG. in Straff. Bd. 14 S. 161). Nach richtiger Auffassung aber ist sie, wenigstens wenn sie auf Grund des § 41 RStrGB. angeordnet und insoweit durch sie der Verurteilte getroffen wird, ein Strafübel und als solches mindestens zugleich eine Nebenstrafe. So Entsch. d. RG. in Straff. Bd. 5 S. 104, Bd. 11 S. 122; s. auch Bd. 17 S. 312. Oppenhoff § 40 Anm. 1.

i) Auch die „Verfallerklärung" (§ 335 RStrGB.) ist ebenso wie die Einziehung zu behandeln. Sie ist ihrer Natur nach eine der Einziehung gleiche Strafart und wie diese eine Nebenstrafe im Sinne des Strafgesetzes, nicht bloß eine polizeiliche Maßregel. Entsch. d. RG. in Straff. Bd. 12 S. 75, Loewe S. 45 Anm. 8a, zu § 27 GVG. Oppenhoff, StrGB. § 335 Anm. 3, Olshausen, ebendort Anm. 5.

k) Über die Vollstreckung der Strafe des Verweises ist eine reichsgesetzliche Vorschrift nicht vorhanden. Nach der Entsch. d. RG. in Straff. Bd. 28 S. 403 „kann der Verweis im Sinne der Gesetzgebung des Reiches sowohl in schriftlicher als in mündlicher Form erteilt werden. So auch Loewe S. 936 Anm. 3b. Ist er mündlich erteilt und sind dem Verurteilten durch das Erscheinen im Termine Reise- oder Versäumniskosten entstanden, so kann er hierfür Entschädigung verlangen. Ebenso Woermann S. 52, Ritter S. 53.

4. a) Den Unterhaltsberechtigten soll nur insoweit Ersatz geleistet werden, als ihnen durch die Strafvollstreckung der Unterhalt entzogen ist.

Als Unterhaltsberechtigte kommen gemäß Abs. 2 § 1 nur diejenigen in Betracht, denen gegenüber der Verurteilte kraft Gesetzes unterhaltspflichtig war. Den auf Grund eines Vertrages Unterhaltsberechtigten ist ein Entschädigungsanspruch nicht gewährt. Die Frage, wer kraft Gesetzes unterhaltsberechtigt ist, muß nach dem bürgerlichen Rechte beurteilt werden. Es gilt das S. 48, 49 Anm. 5 b und c Gesagte.

b) Als Unterhalt, für den ein Ersatz verlangt werden kann, ist hier nicht der tatsächlich gewährte, vielmehr der gesetzlich dem Unterhaltsberechtigten zustehende anzusehen. Nur insoweit der Verurteilte selbst gesetzlich verpflichtet war, Unterhalt zu gewähren („standesmäßigen" §§ 1578, 1588 BGB., „der Lebensstellung und dem Vermögen entsprechenden" § 1360, „den gesamten Lebensbedarf umfassenden" § 1610, „notdürftigen" § 1611, usw.), und nur insoweit dieser gesetzlich zustehende Unterhalt durch die Strafvollstreckung tatsächlich entzogen ist, nur insoweit können die Unterhaltsberechtigten Ersatz verlangen, s. auch S. 57 Anm. 4. War der Verurteilte auch ohne die Strafvollstreckung nicht im Stande, den Unterhalt zu gewähren, dann können die Unterhaltsberechtigten auch keinen Ersatz verlangen, denn in diesem Falle ist ihnen der Unterhalt nicht durch die Strafvollstreckung entzogen.

Für die Vergangenheit können etwa rückständige Alimentationsansprüche von den Unterhaltsberechtigten nicht erhoben werden. Es heißt in dieser Beziehung in der Begründ. S. 5. „Da das bürgerliche Recht die Geltendmachung eines Unterhaltsanspruches für die Vergangenheit im allgemeinen ausschließt (§ 1613 BGB., Ausn. § 1711 dort), so sind die unterhaltsberechtigten Personen nicht in der Lage, sich nachträglich an den Verurteilten zu halten, selbst wenn dieser die dazu erforderlichen Mittel erlangt haben sollte. Der Verurteilte kann aus diesem Grunde seinerseits einen Anspruch aus dem Gesichtspunkte, daß ihm eine Unterhaltspflicht obgelegen habe, nicht erheben und hiermit erledigt sich das Bedenken, daß der Ersatz wegen entzogenen Unterhalts auf Grund von Abs. 1 und daneben auf Grund von Abs. 2, also möglicherweise doppelt, gefordert werden könnte." S. auch S. 57 Anm. 4, Loewe S. 1009 Anm. 8, Ritter S. 59.

§ 3. Die Entschädigung wird aus der Kasse desjenigen Bundesstaats gezahlt, bei dessen Gerichte das Strafverfahren in erster Instanz anhängig war.

Bis zum Betrage der geleisteten Entschädigung tritt die Kasse in die Rechte ein, welche dem Entschädigten gegen Dritte um deswillen zustehen, weil durch deren rechtswidrige Handlungen seine Verurteilung herbeigeführt war.

1. a) „Nach der Auffassung des Entwurfes liegt eine sich aus der Justizhoheit ergebende Verpflichtung vor. Die Entschädigung soll daher regelmäßig aus der Kasse desjenigen Bundesstaates gezahlt werden, vor dessen Gerichte die Sache in erster Instanz anhängig war." (Begründ. S. 5.)

Hiernach richtet sich der Anspruch auf Entschädigung gegen den Fiskus desjenigen Bundesstaates, bei dessen Gerichte das durch rechtskräftiges Urteil geschlossen gewesene Strafverfahren (nicht „Wiederaufnahmeverfahren") in erster Instanz anhängig war. Und zwar bleibt die Kasse dieses Bundesstaates auch dann ersatzpflichtig, wenn etwa das im Wiederaufnahmeverfahren angegriffene Strafurteil in der Revisionsinstanz vom Reichsgericht erlassen war (§ 394 StrPrO.).

b) Besondere Vorschriften für den Fall, daß die Verurteilung in erster Instanz von einem mehreren Bundesstaaten gemeinschaftlichen Gericht erfolgt ist, sind nicht getroffen. Die Regelung ist der Verständigung der einzelnen Staaten überlassen. S. S. 77 Anm. b und c.

Nach einer Vereinbarung der beim gemeinschaftlichen Oberlandesgericht in Jena beteiligten Staaten vom

17./18. Oktober 1898 wird in Untersuchungssachen, die vor den Schwurgerichten der Jenaer Oberlandesgerichtsgemeinschaft in erster Instanz verhandelt werden, die Entschädigung aus der Oberlandesgerichtskasse gezahlt.

Für Sachsen-Coburg-Gotha ist durch Verfügung des Staatsministeriums vom 15. April 1899 folgendes bestimmt: „Ist die entschädigungsberechtigte Person von einer Strafkammer des gemeinschaftlichen Landgerichts in Meiningen in erster Instanz verurteilt, so wird die Entschädigung aus der Landgerichtskasse zu Meiningen gezahlt."

Für Schwarzburg-Rudolstadt bestimmt die Ministerialverfügung vom 20. Januar 1899: „Die Entschädigung für die von dem gemeinschaftlichen Landgericht Rudolstadt in erster Instanz verurteilten, im Wiederaufnahmeverfahren freigesprochenen Personen wird auf die gemeinschaftliche Kasse des Landgerichts übernommen."

Für Reuß jüngerer Linie ist durch Ministerialverfügung vom 22. Juni 1899 bestimmt: „Die Entschädigung für die von dem gemeinschaftlichen Landgerichte Gera in erster Instanz verurteilten, im Wiederaufnahmeverfahren freigesprochenen Personen wird auf die gemeinschaftliche Kasse des Landgerichts übernommen."

c) In den zur Zuständigkeit des Reichsgerichts in erster Instanz gehörigen Sachen ist nach § 6 die Reichskasse ersatzpflichtig (s. S. 138), im militärgerichtlichen Verfahren im Heere die Kasse (Militärverwaltung) desjenigen Kontingents, bei dessen Gerichte das Strafverfahren in erster Instanz anhängig war (wegen der Gendarmen s. besonders S. 85, Anm. 5c), in der Marine die Reichskasse, MStrGO. § 465 Abs. 2 (s. S. 141); in Konsulargerichtssachen ist ebenfalls die Reichskasse zahlungspflichtig, §§ 71, 24 des Ges.

über d. Konsulargerichtsbarkeit (s. S. 88); wegen der Schutzgebiete s. S. 103 Anm. 11.

2. a) Ist die Verurteilung durch die schuldhafte Handlung eines Dritten erfolgt, sei es Richter, Schöffe, Geschworener, Zeuge oder Sachverständiger, so kann sich der Verurteilte, insofern ihm diese Personen nach dem bürgerlichen Rechte schadensersatzpflichtig sind, auch an sie halten. Doch kann der Staat, wenn er unmittelbar in Anspruch genommen wird, ihn nicht an sie verweisen. Der Staat soll aber in Höhe seiner Auslagen zum Rückgriff an die Schuldigen berechtigt sein.

Als „rechtswidrige Handlungen", durch die die Verurteilung herbeigeführt war, kommen in erster Linie diejenigen in Betracht, die nach § 399 Nr. 1—3 StrPrO., für das militärgerichtliche Verfahren nach § 436 Nr. 1—3 MStrGO., zur Wiederaufnahme führen, s. Anhang S. 152, 159; vgl. a. S. 78, Loewe S. 1010 Anm. 2 zu § 3.

b) Für die Frage, welche Rechte dem Entschädigten gegen Dritte, die durch rechtswidrige Handlungen seine Verurteilung herbeigeführt haben, zustehen, sind die Vorschriften des bürgerlichen Rechtes maßgebend. BGB. §§ 823 ff. s. Anhang S. 167.

c) Der Fiskus erwirbt bis zur Höhe der geleisteten Entschädigung die bezeichneten Ansprüche des Entschädigten gegen Dritte ohne weiteres von Rechts wegen, einer Abtretung bedarf es nicht.

Im militärgerichtlichen Verfahren tritt die Kontingents-(Marine-)Verwaltung in die betreffenden Rechte ein. MStrGO. § 466.

§ 4. Über die Verpflichtung der Staatskasse zur Entschädigung wird durch besonderen Beschluß des im Wiederaufnahmeverfahren erkennenden Gerichts Bestimmung getroffen.

Der Beschluß ist von dem Gerichte gleichzeitig mit dem Urteile zu fassen, aber nicht zu verkünden, sondern durch Zustellung bekannt zu machen. Der Beschluß unterliegt nicht der Anfechtung durch Rechtsmittel. Er tritt außer Kraft, wenn das Urteil aufgehoben wird.

1. a) Der Beschluß des Gerichts über die Ersatzpflicht des Staates ist von Amtswegen zu fassen, eines Antrages bedarf es nicht. Begr. S. 6; s. auch S. 59 Anm. 1a. Auch dann, wenn die Entschädigungspflicht verneint wird, bedarf es eines ausdrücklichen Beschlusses. Dieser darf sogar dann nicht unterbleiben, wenn der Freigesprochene ausdrücklich auf Entschädigung verzichtet, da nach § 1 Abs. 2 die Unterhaltsberechtigten einen selbständigen Entschädigungsanspruch haben, s. auch S. 59. Ebenso Lessing S. 50, Loewe S. 1010, Woermann S. 55.

b) Das Gericht hat nur darüber Bestimmung zu treffen, ob überhaupt eine Verpflichtung der Staatskasse zur Entschädigung vorliegt, nicht aber auch darüber, ob und in welcher Höhe ein Vermögensschaden entstanden ist und tatsächlich zugebilligt wird. Die Entscheidung hierüber erfolgt in besonderem Verfahren gemäß § 5. Der Beschluß kann kurz lauten: „Die Staats-(Reichs-, Kontingents-)kasse ist zur Entschädigung des Freigesprochenen verpflichtet," oder: „Eine Verpflichtung der Staats-(Reichs-, Kontingents-)kasse zur Entschädigung des Freigesprochenen liegt nicht vor."

Der Beifügung von Gründen bedarf es nicht, und zwar auch dann nicht, wenn unnötigerweise ein Antrag, die Staatskasse zur Entschädigung für verpflichtet zu erklären, gestellt und dieser abgelehnt wird. Ebenso Loewe S. 1011 Anm. 5 zu § 4, Mamroth S. 485, Woermann S. 55, s. auch S. 60 Anm. d.

c) In das Protokoll über die Hauptverhandlung ist der Beschluß nicht aufzunehmen. Ebenso Loewe, S. 1011 Anm. 5, Woermann S. 55.

Daraus, daß der Beschluß besonders zu erlassen und besonders zuzustellen ist (Abs. 2), geht hervor, daß er auch äußerlich nicht mit dem Urteile verbunden werden darf. Anders im militärgerichtlichen Verfahren, wo über die Entschädigungsverpflichtung „durch das im Wiederaufnahmeverfahren erkennende Urteil Bestimmung getroffen wird" (§ 467 MStrGO.) s. S. 144.

2. a) Der Beschluß ist gleichzeitig mit dem Urteile zu fassen, d. h. von sämtlichen Mitgliedern des erkennenden Gerichts im unmittelbaren Anschluß an die Urteilsfassung unter dem Gesamteindrucke dessen, was in der Hauptverhandlung vorgebracht worden ist. Die Entscheidung bietet so dieselbe Gewähr, wie wenn sie im Urteil erlassen wäre. Der Fall einer plötzlichen Verhinderung eines Richters an der Beschlußfassung wird kaum einmal eintreten. Sollte er doch vorkommen, so ist gemäß § 320 Abs. 4 CPrO. zu verfahren (Kom.Ber. S. 7), s. auch S. 60 Anm. c.

Daraus, daß der Beschluß gleichzeitig mit dem Urteile zu fassen ist, folgt schon, daß im schwurgerichtlichen Verfahren die Entscheidung über die Ersatzpflicht des Staates den richterlichen Mitgliedern des Schwurgerichts zufällt. Dies ist auch in der Begründung (S. 6) und bei den Beratungen (Kom.Ber. S. 9) ausdrücklich hervorgehoben, s. auch S. 60.

Wenn im Wiederaufnahmeverfahren das Gericht ausnahmsweise ohne Erneuerung der Hauptverhandlung auf Freisprechung des Verurteilten erkennt (§ 411 StrPrO.), so hat dieses Gericht auch gleichzeitig mit dem freisprechenden Urteil über die Entschädigungsverpflichtung Bestimmung zu treffen.

b) Die Beschlußfassung über die Entschädigungsverpflichtung erfolgt „nach der absoluten Mehrheit der Stimmen" (§ 198 Abs. 1 GVG.). Es handelt sich hier nicht um eine die Schuldfrage betreffende Entscheidung gemäß § 262 Abs. 1 StrPrO. Das ist auch bei der Beratung des Gesetzes von den Regierungsvertretern ausdrücklich anerkannt worden (Kom.Ber. S. 6). Das Nähere s. S. 61 Anm. e.

c) Daraus, daß in allen Fällen der Freisprechung, und zwar auch dann, wenn die Entschädigungspflicht verneint oder auf den Anspruch verzichtet wird, von Amts wegen Bestimmung darüber getroffen werden muß, ob eine Entschädigungsverpflichtung des Staates vorliegt, und aus der Vorschrift des Gesetzes, daß der Beschluß gleichzeitig mit dem Urteile zu fassen ist, ergibt sich, daß in der Hauptverhandlung nicht schon dann mit der Beweisaufnahme innegehalten werden darf, wenn die Sache für die bloße Freisprechung des Angeklagten reif ist, also auch schon bei einem „non liquet"; vielmehr müssen weiterhin auch alle diejenigen Beweise erhoben werden, die für die Entscheidung über die Entschädigungsverpflichtung — insbesondere für den Nachweis der Unschuld oder die Beseitigung des begründeten Verdachtes — von Bedeutung sind. So auch Lessing S. 49, Loewe S. 1010 Anm. 2 zu § 4. Die Ansicht (s. Woermann S. 56), daß, wenn die Sache zur Freisprechung reif sei, das Urteil nicht aufgehalten werden dürfe durch weitere Beweisaufnahme über das Vorliegen der Voraussetzungen der Entschädigungsverpflichtung, erscheint mit Inhalt und Zweck des Gesetzes unvereinbar. Dieses verlangt, wie gesagt, in allen Fällen der Freisprechung einen Beschluß über die Ersatzpflicht; der Beschluß muß gleichzeitig mit dem Urteil gefaßt werden, ein besonderes Verfahren zwecks Ermittelung der Unschuld soll nicht stattfinden. Wäre das Gericht aber berechtigt, schon gleich wenn ein „non liquet" erkennbar wird, die Beweisaufnahme zu schließen, dann würde der Freigesprochene, da er ja auch nachträglich seine Unschuld nicht mehr erweisen oder den Verdacht nicht mehr beseitigen kann, in vielen Fällen um seinen Entschädigungsanspruch gebracht werden, trotzdem dieser vielleicht begründet und bei Fortsetzung der Beweisaufnahme auch als solcher erweisbar wäre. Ein solches Ergebnis kann das Gesetz unmöglich gewollt haben.

Der hier vertretene Standpunkt war auch der der verbündeten Regierungen bei der Beratung des Gesetzentwurfes. In der Kommission war eine Bestimmung vorgeschlagen, daß, wenn im Wiederaufnahmeverfahren lediglich mangels genügenden Beweises auf Freisprechung erkannt werde, obwohl der Freigesprochene in der Hauptverhandlung weiteren Beweis für seine Unschuld beantragt hatte, nach besonderer Erhebung dieses ferneren Beweises durch einen beauftragten oder ersuchten Richter demnächst noch besonders darüber zu beschließen sei, ob die Voraussetzungen zur Entschädigung nunmehr vorliegen (Kom.Ber. S. 8). Diesem Antrage lag der angenommene Fall zu Grunde, daß das Gericht von Vernehmung weiter benannter Zeugen „aus dem Grunde absehe, weil es schon aus dem bisherigen Ergebnisse der Verhandlung zu einem non liquet und damit zur Freisprechung gelange, und daß in einem solchen Falle der Freigesprochene trotz nachzuweisender völliger Unschuld um sein Entschädigungsrecht komme“ (Kom.Ber. S. 9). Seitens der Regierungsvertreter wurde diesem Antrage entschieden entgegengetreten, „da er mit der Intention des Gesetzes unvereinbar sei; nach erfolgter Entscheidung in der Hauptsache könne nur dies Urteil maßgebend sein, ein weiteres Verfahren nicht stattfinden; es müsse auch immer dasselbe Gericht beschließen, das in der Hauptsache geurteilt habe; dem Freigesprochenen sei ja doch die Möglichkeit offen gewesen, zur rechten Zeit alle seine Anträge (zwecks Nachweises seiner völligen Unschuld) einzubringen“ (Kom.Ber. S. 9). In diesem letzten

Satze liegt unzweideutig die Auffassung ausgedrückt, daß, wenn der Angeklagte Beweisanträge stellt, um über das „non liquet“ hinaus zwecks Erlangung einer Entschädigung seine Unschuld darzutun, das Gericht darauf eingehen muß; entsprechend wird dann das Gericht verfahren müssen, auch wenn etwa kein diesbezüglicher ausdrücklicher Beweisantrag des Angeklagten vorliegt, da ja von Amts wegen über die Entschädigungsverpflichtung zu beschließen ist.

3. a) Die Bestimmung, daß der Beschluß nicht zu verkünden sondern durch Zustellung bekannt zu machen ist, beruht auf der Erwägung, „daß durch die öffentliche Verkündung des Beschlusses in der Entschädigungsfrage die Schaffung von zweierlei Klassen von Freigesprochenen gegenüber dem Publikum an den Tag treten würde und sonach diejenigen Personen, welchen eine Entschädigung versagt werde, förmlich von Amts wegen mit dem Makel des Verdachtes der Straftat behaftet bleiben würden“ (Kom.Ber. S. 6). Wird der Beschluß zugestellt, dann „kommt der Freigesprochene, dem eine Entschädigung nicht zugebilligt wird, nicht in die mißliche Lage, daß ihm solches in dem freisprechenden Urteil unter Abschwächung der Freisprechung selbst vor der Öffentlichkeit kundgegeben wird“ (Begründ. S. 4). Die Verkündung des Beschlusses darf auch dann nicht erfolgen, wenn das freisprechende Urteil in Anwesenheit des Angeklagten verkündet wird, s. S. 62 Anm. 3a.

b) Zuzustellen ist der Beschluß gemäß § 37 StrPrO. dem Freigesprochenen selbst, nicht seinem etwaigen Verteidiger. Im Falle des § 411 Abs. 1 („wenn der Verurteilte bereits verstorben ist“) erfolgt die Zustellung an diejenigen, die gemäß § 401 Abs. 2 den Antrag auf Wiederaufnahme gestellt haben („der Ehegatte, die Verwandten auf- und absteigender Linie sowie die Geschwister des Verstorbenen“). Im übrigen aber haben die Unterhaltsberechtigten als solche keinen

Anspruch auf besondere Zustellung des Beschlusses. Vgl. hierzu die näh. Ausführungen S. 63.

c) Mit der Zustellung des Beschlusses ist nicht etwa zu warten, bis das freisprechende Urteil rechtskräftig geworden ist, vielmehr hat der Freigesprochene Anspruch auf alsbaldige Zustellung. Diese darf namentlich nicht deshalb ausgesetzt werden, weil gegen das freisprechende Urteil von der Staatsanwaltschaft oder dem Nebenkläger ein Rechtsmittel eingelegt ist. Anders im Gesetz von 1904 (§ 4 Abs. 3); hier darf der Beschluß erst nach Rechtskraft des freisprechenden Urteils zugestellt werden.

4. a) Der Beschluß des Gerichts unterliegt nicht der Anfechtung durch Rechtsmittel. In der Kommission war beantragt, diesen Satz so zu fassen: „Gegen diesen Beschluß steht dem Freigesprochenen das Rechtsmittel der Beschwerde zu“ (Kom.Ber. S. 7). Hiergegen wurde aber von anderer Seite sowohl aus dem Schoße der Kommission als seitens der Vertreter der verbündeten Regierungen geltend gemacht, daß ein Rechtsmittel hier unzulässig erscheine, „weil der Beschluß seine Grundlage auf dem unmittelbaren Eindruck der Verhandlung zu finden habe und eine Beschwerdeführung die Rekapitulation der ganzen Verhandlung vor dem Oberrichter zur Folge haben müsse, was doch absolut unzulässig erscheine, nachdem die rechtliche Lage des Freigesprochenen feststehe und nicht mehr geändert werden könne“ (Kom.Ber. S. 8). Der Antrag wurde daraufhin abgelehnt.

Auch die gegen das Urteil zustehenden Rechtsmittel können nicht mit der Behauptung begründet werden, daß über die Entschädigungspflicht unrichtig entschieden sei (Begründ. S. 6).

b) Dagegen steht der Beschwerdeweg wohl offen, wenn das Gericht überhaupt keinen Beschluß erlassen hat. Dies wurde bei der Beratung allseitig anerkannt (Kom.Ber. S. 8). Das Beschwerdegericht muß in einem solchen Falle die Sache zur Nachholung des Versäumten an dasjenige Gericht zurückverweisen, welches das Urteil erlassen hat. Jenes kann nicht für befugt erachtet werden, selbst den Beschluß zu erlassen, da dieser, wie oben erwähnt, „seine Grundlage auf dem unmittelbaren Eindruck der Verhandlung" haben und „von dem erkennenden Gerichte" gefaßt werden soll. Ob in einem solchen Falle das „erkennende Gericht" eine Ergänzung der Beweisaufnahme oder eine Wiederholung der Verhandlung anordnen will, darüber entscheidet es nach freiem Ermessen. So auch Loewe S. 1010 Anm. 1 zu § 4.

5. Wenn das freisprechende Urteil in der höheren Instanz aufgehoben wird, so braucht nicht auch der die Entschädigungsverpflichtung aussprechende Beschluß noch ausdrücklich aufgehoben zu werden, dieser tritt vielmehr von selbst außer Kraft.

Das auf Grund des Beschlusses etwa schon Gezahlte kann natürlich zurückverlangt werden. Dies ist zwar nicht, wie in § 5 des Gesetzes von 1904 bezüglich der Entschädigung für erlittene Untersuchungshaft, ausdrücklich ausgesprochen worden, ergibt sich aber von selbst aus den Vorschriften des bürgerlichen Rechtes (§§ 812 ff. BGB.).

Über das weitere Verfahren für den Fall, daß der Beschluß außer Kraft getreten ist und über die Wiedereinziehung der bereits geleisteten Entschädigung sind in Preußen, Sachsen, Hessen, Sachsen-Weimar, Braunschweig, Sachsen-Altenburg, Sachsen-Coburg-Gotha, Anhalt, Schwarzburg-Rudolstadt, Reuß jüngere Linie, Lübeck und in Elsaß-Lothringen besondere Anweisungen ergangen, s. S. 128 ff.

§ 5. Wer auf Grund des die Verpflichtung der Staatskasse zur Entschädigung aussprechenden Beschlusses einen Anspruch geltend macht, hat diesen Anspruch bei Vermeidung des Verlustes binnen drei

Monaten nach Zustellung des Beschlusses durch Antrag bei der Staatsanwaltschaft zu verfolgen. Der Antrag ist bei der Staatsanwaltschaft desjenigen Landgerichts zu stellen, in dessen Bezirke das Urteil ergangen ist.

Über den Antrag entscheidet die oberste Behörde der Landesjustizverwaltung. Eine Ausfertigung der Entscheidung ist dem Antragsteller nach den Vorschriften der Zivilprozeßordnung zuzustellen.

Gegen die Entscheidung ist die Berufung auf den Rechtsweg zulässig. Die Klage ist binnen einer Ausschlußfrist von drei Monaten nach Zustellung der Entscheidung zu erheben. Für die Ansprüche auf Entschädigung sind die Zivilkammern der Landgerichte ohne Rücksicht auf den Wert des Streitgegenstandes ausschließlich zuständig.

Bis zur endgültigen Entscheidung über den Antrag ist der Anspruch weder übertragbar, noch der Pfändung unterworfen.

1. a) Sobald das im Wiederaufnahmeverfahren erkennende Gericht mittels des im § 4 vorgesehenen Beschlusses die Ersatzpflicht der Staatskasse ausgesprochen hat, ist der Anspruch auf Entschädigung rechtlich begründet. Wenn nun auch darüber, ob überhaupt eine Entschädigungsverpflichtung der Staatskasse vorliegt, von Amts wegen Bestimmung zu treffen ist, so ist doch die Gewährung des Anspruches selbst, die Prüfung der Frage, ob und in welchem Umfange ein von der Staatskasse zu ersetzender Schaden entstanden ist, von einem Antrage des Berechtigten abhängig. Die Vorschriften über das hierbei zu beobachtende Verfahren, ferner darüber, wer

über den Antrag zu entscheiden hat, sowie über die weitere Verfolgung des Anspruchs im Rechtswege sind im wesentlichen dieselben wie die im § 6 des Ges. v. 1904, der diesem § 5 nachgebildet ist. Es gilt daher im allgemeinen sinngemäß das S. 68ff. zu § 6 Gesagte.

b) Berechtigt zur Stellung des Antrages sind der verurteilt Gewesene selbst und die kraft Gesetzes Unterhaltsberechtigten; außerdem bedingungsweise die Erben. S. S. 100 Anm. 7 zu § 1.

c) Der Antrag ist binnen drei Monaten nach Zustellung des Beschlusses zu stellen (im Falle des § 6 des Ges. v. 1904 beträgt die Frist sechs Monate). Die Frist ist eine Ausschlußfrist im Sinne des bürgerlichen Rechtes; die Vorschriften der StrPrO. §§ 42ff. über die Fristen und die Wiedereinsetzung in den vorigen Stand sind nicht anwendbar. (S. S. 70 Anm. d.)

Die Frist zur Stellung des Antrages beginnt mit der Zustellung des Beschlusses an den Freigesprochenen für alle Anspruchsberechtigten zu laufen, auch für die Unterhaltsberechtigten; diese haben auf eine besondere Zustellung keinen Anspruch. S. S. 69 Anm. c u. S. 123 Anm. 3b zu § 4.

d) Über Form und Inhalt des Antrages ist im Gesetze nichts vorgeschrieben; es genügt, wenn der Wille, einen Anspruch zu erheben, erkennbar kundgegeben wird. Der Angabe eines bestimmten Betrages und der Beifügung einer näheren Begründung des Anspruches bedarf es im Antrage nicht. S. auch S. 70 Anm. e.

e) Anzubringen ist der Antrag bei der Staatsanwaltschaft desjenigen Landgerichts, in dessen Bezirke das Urteil ergangen ist, in den zur Zuständigkeit des Reichsgerichts in erster Instanz gehörigen Sachen (s. S. 82 Anm. b) bei der Staatsanwaltschaft des Reichsgerichts (§ 6 Abs. 2), im militärgerichtlichen Verfahren bei dem Gerichtsherrn, auf dessen Befehl im Wiederaufnahmeverfahren das Gericht erster Instanz erkannt hat, ausnahmsweise bei dem Präsidenten des Reichsmilitärgerichts (§ 468 MStrGO. s. S. 148), in den zur Zuständigkeit der Konsulargerichte gehörigen Sachen bei dem Konsul (§ 71 des Ges. über die Konsulargerichtsbarkeit v. 7. April 1900 s. S. 102). Wegen der Schutzgebiete s. S. 102 Anm. 11.

f) Die Behandlung der bei der Staatsanwaltschaft eingehenden Anträge ist in einzelnen Bundesstaaten durch besondere Anweisungen näher geregelt.

Für Preußen durch die allgemeine Verfügung vom 22. November 1898 (JMBl. S. 280):

I. Anträge auf Grund des § 5 Abs. 1 des Gesetzes, betr. die Entschädigung der im Wiederaufnahmeverfahren freigesprochenen Personen vom 20. Mai 1898, sind von dem zuständigen Ersten Staatsanwalt dem Justizminister mittels eines Berichts vorzulegen, welcher sich darüber auszusprechen hat:

1. ob der Anspruch bei ihm rechtzeitig angebracht ist (§ 5 Abs. 1 des Ges.);

2. ob und in welcher Höhe ein nach § 2 des Gesetzes zu ersetzender Vermögensschaden entstanden ist;

3. ob durch Leistung der Entschädigung der Staatskasse nach § 3 Abs. 2 des Gesetzes Rechte gegen Dritte erwachsen, und ob und in welchem Betrage deren Verfolgung voraussichtlich zu einem Ersatze führen wird.

Über die tatsächlichen Behauptungen des Antragstellers sind erforderlichenfalls vor der Berichterstattung Erhebungen anzustellen, über deren Ergebnis, wenn es von seinen Anträgen in erheblicher Weise abweicht, der Antragsteller in der Regel zu hören ist.

Das Verfahren ist tunlichst zu beschleunigen und darf durch die Prüfung der unter Nr. 3 bezeichneten Frage nicht aufgehalten werden; hierüber ist vielmehr nötigenfalls ein Nachtragsbericht zu erstatten.

II. Die Berichte werden von dem Ersten Staatsanwalt zur Weiterbeförderung dem Oberstaatsanwalt eingereicht, welcher seine Äußerung in gedrängter Form (§ 9 der allgem. Verf. v. 25. Juni 1897, JMBl. S. 147) beizufügen hat.

III. Die Zustellung der von dem Justizminister getroffenen Entscheidung (§ 5 Abs. 2 des Ges.) geschieht durch den Oberstaatsanwalt.

IV. Von einer Berufung auf den Rechtsweg (§ 5 Abs. 3 des Ges.) ist dem Justizminister alsbald Anzeige zu erstatten.

V. Tritt der Beschluß, welcher die Verpflichtung der Staatskasse zur Entschädigung ausgesprochen hat, außer Kraft (§ 4 Abs. 2 des Ges.), so hat, wenn das aufhebende Urteil nicht vom Oberlandesgericht erlassen ist, der Erste Staatsanwalt dem Oberstaatsanwalt Anzeige zu erstatten. Die Wiedereinziehung der geleisteten Entschädigung ist vom Oberstaatsanwalt zu betreiben.

VI. Anträge, die bei einer nicht zuständigen Justizbehörde eingehen, sind ohne Verzug an die nach § 5 Abs. 1 des Gesetzes zuständige Staatsanwaltschaft abzugeben.

VII. Auf die bei den Staatsanwaltschaften der gemeinschaftlichen Landgerichte in Meiningen und Rudolstadt eingehenden Anträge findet diese Verfügung nur insoweit Anwendung, als das Urteil, gegen welches die Wiederaufnahme des Verfahrens sich richtete, von einem preußischen Amtsgerichte erlassen war. Die dem Oberstaatsanwalt zugewiesenen Geschäfte werden von dem nach Nr. 1 Schlußsatz der allgemeinen Verfügung v. 28. März 1885 (JMBl. S. 119) zur Vertretung des Justizfiskus im Prozesse zuständigen Oberstaatsanwalt wahrgenommen.

In Bayern ist der Antrag von der Staatsanwaltschaft mit den darüber angestellten Ermittelungen auf dem Dienstwege — durch die Vermittelung des Oberstaatsanwalts — dem Staatsministerium der Justiz vorzulegen. Dieses entscheidet über den Antrag im Einverständnisse mit dem Staatsministerium der Finanzen und ersucht letzteres um die Eröffnung eines Kredits bezüglich der dem Freigesprochenen bewilligten Entschädigungssumme. Die Auszahlung der Entschädigung erfolgt durch die Behörden der Finanzverwaltung. Die dem Staatsministerium der Justiz vorgelegten Akten werden mit einer Ausfertigung der Entscheidung der Staatsanwaltschaft zurückgesandt.

Für das Königreich Sachsen ist maßgebend § 854 der Geschäftsordnung für die Königlich-Sächsischen Justizbehörden:

„1. Wird auf Grund des § 5 Abs. 1 des Gesetzes über die Entschädigung der im Wiederaufnahmeverfahren freigesprochenen Personen vom 20. Mai 1898, RGBl. S. 346, ein Antrag gestellt, so sind die tatsächlichen Angaben zu besonderen Akten zu erörtern, insbesondere ob und in welcher Höhe ein nach § 2 des Gesetzes zu ersetzender Vermögensschaden entstanden sei. Über das Ergebnis ist der Antragsteller zu hören, wenn es von dem Antrag erheblich abweicht. Zu erörtern ist auch, ob der Staatskasse durch Leistung von Entschädigung nach § 3 Abs. 2 des Gesetzes Rechte gegen Dritte erwachsen, und in welchem Umfange deren Verfolgung voraussichtlich von Erfolg sein werde.

2. Der Antrag und die Erörterungen sind mit den Strafakten dem Justizministerium einzuberichten. Können die Strafakten nicht vorgelegt werden, weil gegen das Urteil (Ges. § 4 Abs. 2) ein Rechtsmittel eingelegt und über das Rechtsmittel noch nicht entschieden worden ist, so ist im Berichte hierauf Bezug zu nehmen und zugleich anzugeben, wann das Urteil vollstreckt und ob der Antrag rechtzeitig angebracht worden ist. Der Staatsanwalt soll sich in dem Berichte gutachtlich äußern. Das Verfahren ist zu beschleunigen; hält die Erörterung zu Abs. 1 Satz 3 auf, so ist zu diesem Punkte nachträglich besonders zu berichten.

3. Das Justizministerium wird die Ausfertigung

seiner Entscheidung durch die nach § 5 Abs. 1 Satz 2 des Gesetzes zuständige Staatsanwaltschaft zustellen lassen.

4. Tritt der Beschluß, durch den über die Verpflichtung der Staatskasse zur Entschädigung Bestimmung getroffen worden ist, gemäß § 4 Abs. 2 Satz 3 des Gesetzes außer Kraft, so ist dies dem Justizministerium unverzüglich anzuzeigen".

Für Hessen durch Verfügung des Großherzoglichen Ministeriums der Justiz vom 24. Dezember 1898. Sie hat im wesentlichen denselben Inhalt wie die Preußische. Nur sind die Anträge von dem zuständigen Oberstaatsanwalt (durch Vermittelung des Generalstaatsanwalts) dem Justizministerium vorzulegen. Der Oberstaatsanwalt hat auch die Zustellung der vom Justizministerium getroffenen Entscheidung an den Antragsteller zu veranlassen. Tritt der Entschädigungsbeschluß außer Kraft, so hat der Oberstaatsanwalt dies dem Justizministerium alsbald anzuzeigen, und, wenn dem Verurteilten auf Grund des Beschlusses bereits eine Entschädigung geleistet worden ist, darüber zu berichten, „ob und auf welchem Wege die Rückgewähr der Entschädigung herbeigeführt werden kann".

Für Braunschweig durch Verfügung des Herzoglichen Staatsministeriums, Abteilung der Justiz, vom 12. Januar 1899. Die Verfügung hat ebenfalls denselben Inhalt wie die Preußische. An die Stelle des Justizministeriums tritt das „Herzogliche Staatsministerium, Abteilung der Justiz".

Für Sachsen-Koburg-Gotha durch Verfügung vom 15. April 1899. Sie hat im wesentlichen denselben Inhalt wie die Preußische. Die Anträge sind, soweit das Urteil eines Amtsgerichts im Herzogtum Koburg in Frage kommt, von dem Ersten Staatsanwalt in Meiningen, im übrigen von dem Staatsanwalt in Gotha dem Staatsministerium vorzulegen.

Für Anhalt durch Verfügung des Herzoglichen

Staatsministeriums vom 19. Juni 1899. Auch diese Verfügung hat im wesentlichen denselben Inhalt wie die Preußische. An die Stelle des Justizministeriums tritt hier überall das Staatsministerium. Die Zustellung der von diesem getroffenen Entscheidung geschieht durch den Herzoglichen Ersten Staatsanwalt. Der Oberstaatsanwalt scheidet überall aus. Die Anzeige über das Außerkrafttreten des Beschlusses (§ 4 Abs. 2 des Ges.) ist dem Staatsministerium zu erstatten. Die Wiedereinziehung der geleisteten Entschädigung ist von dem Ersten Staatsanwalt zu betreiben. Anträge, die bei einer nicht zuständigen Justizbehörde oder bei dem Staatsanwalt in Bernburg eingehen, sind ohne Verzug an den Ersten Staatsanwalt abzugeben.

Für Schwarzburg-Rudolstadt durch Ministerialverordnungen vom 20. Januar und 17. Februar 1899 (Gesetzsammlung für das Fürstentum Schwarzburg-Rudolstadt 1899 S. 9 und 13). Die Verordnungen stimmen im wesentlichen mit der Preußischen Verfügung überein, sollen aber nur Anwendung finden auf diejenigen Fälle, in denen es sich um Personen handelt, die von dem gemeinschaftlichen Landgerichte in Rudolstadt in erster Instanz verurteilt sind, und ferner (Verordn. v. 17. Februar 1899), wenn es sich um Verurteilungen handelt, die von den Fürstlichen Amts- und Schöffengerichten ausgesprochen worden sind. S. auch S. 129 VII.

Für Reuß jüngerer Linie durch Ministerialverfügung vom 22. Juni 1899 (Amts- u. Verordnungsblatt f. d. Fürstentum Reuß j. L. 1899 S. 252). Die Verfügung hat im wesentlichen denselben Inhalt wie die Preußische. Die Entscheidung über den Antrag wird vom Fürstlichen Ministerium zugleich im Namen der Großherzoglichen Justizverwaltung und im jedesmaligen Einverständnisse mit dieser erlassen. Die Bestimmungen dieser Verordnung finden aber lediglich auf diejenigen Fälle Anwendung, in denen es sich um Personen handelt, die von dem gemeinschaftlichen Landgerichte in Gera in erster Instanz verurteilt worden sind.

Außerdem haben bezüglich der im Oberlandesgerichtsbezirk Jena von den gemeinschaftlichen Schwurgerichten freigesprochenen Personen die beteiligten Regierungen durch Beschluß vom 17./18. Oktober 1898 eine Vereinbarung getroffen und die Regierungen von Sachsen-Weimar (am 27. März 1899), Sachsen-Altenburg (am 27. März 1899), Sachsen-Koburg-Gotha (27. März 1899), Reuß jüngerer Linie (am 12. November 1898) entsprechende Verfügungen erlassen. Die Behandlung der Anträge auf Entschädigung ist in gleicher Weise geregelt wie in der Preußischen Verfügung. Die Anträge sind mit den Berichten der zuständigen Staatsanwaltschaft durch den Oberstaatsanwalt dem Großherzoglich Sächsischen Staatsministerium zu Weimar vorzulegen. Die Entscheidung über den Antrag auf Entschädigung hat an Stelle der sämtlichen Gemeinschaftsregierungen die Großherzoglich Sächsische Regierung als geschäftsführende Regierung zu treffen, falls die Regierung desjenigen Staates, dessen Gericht das Hauptverfahren vor dem Schwurgericht eröffnet hatte, mit der zu erlassenden Entscheidung auf Befragen einverstanden ist. Hat ein gemeinschaftliches Landgericht das Hauptverfahren eröffnet, so ist nur die Zustimmung der geschäftsführenden Regierung dieses Landgerichtes einzuholen. Wenn die Großherzoglich Sächsische Regierung und die Regierung desjenigen Staates, dessen Gericht das Hauptverfahren eröffnet hat, über die auf den Antrag zu treffende Entscheidung verschiedener Meinung sind, so soll die Gesamtheit der Gemeinschaftsregierungen entscheiden. Wegen der zahlungspflichtigen Kasse s. S. 116 Anm. 1b zu § 3.

Die für Lübeck vom dortigen Senate erlassenen Anordnungen stimmen ebenfalls im wesentlichen mit den Preußischen überein. An die Stelle des Justizministers tritt der Senat. Der Oberstaatsanwalt scheidet überall aus Anträge, die bei einem Gerichte oder bei der Gerichtskasse eingehen, sind an die Staatsanwaltschaft abzugeben. Die zu leistenden Entschädigungen sind aus der Lübeckschen Staatskasse nach Anweisung des Senates zu zahlen.

Ferner hat der Senat sich von der Bürgerschaft die Ermächtigung erteilen lassen, die Beträge der zu zahlenden Entschädigungen ohne vorgängige verfassungsmäßige Verhandlungen im einzelnen Falle zur Zahlung anzuweisen und seinerseits die Kasse zu bestimmen, aus der die Zahlung zu leisten ist.

In den übrigen Bundesstaaten sind besondere Verordnungen oder Anweisungen nicht erlassen.

Für Elsaß-Lothringen ist maßgebend folgende vom Ministerium, Abteilung für Justiz und Kultus, am 26. Januar 1899 erlassene Verfügung nebst einem Nachtrag vom 26. Dezember 1899:

„1 Die Zustellung des Gerichtsbeschlusses, welcher über die Verpflichtung des Staates zur Entschädigung Bestimmung trifft, hat ohne Rücksicht darauf zu erfolgen, ob das im Wiederaufnahmeverfahren ergangene Urteil rechtskräftig ist oder nicht.

2. Die Zustellung des Gerichtsbeschlusses erfolgt in schöffen- und amtsgerichtlichen Strafsachen nach Maßgabe des § 36 Abs. 2 StrPrO. Der Gerichtsschreiber des Amtsgerichts hat die Zustellung nach Maßgabe der für die Zustellungen von Amts wegen geltenden Vorschriften zu bewirken (§ 5 der Verfügung vom 26. Dezember 1899, betreffend die Zustellungen von Amtswegen). In sonstigen Strafsachen hat die Staatsanwaltschaft gemäß § 36 Abs. 1 StrPrO. die Zustellung zu veranlassen.

3. In schöffen- und amtsgerichtlichen Strafsachen hat der Beamte der Staatsanwaltschaft bei dem Amtsgerichte von jedem Beschlusse, der die Verpflichtung der Staatskasse zur Entschädigung ausspricht, sofort dem Ersten Staatsanwalt Anzeige zu erstatten.

4. Anträge auf Grund des § 5 Abs. 1 des Gesetzes sind von dem Ersten Staatsanwalte, in dessen Amtsbezirk das Urteil ergangen ist, nebst den durch die Erhebungen nach Ziffer 6 und 7 entstandenen Verhandlungen dem Oberstaatsanwalte vorzulegen. Die Untersuchungsakten sind, sofern sie beim Gericht entbehrt werden können, beizufügen.

5. Bei Vorlage der Verhandlungen hat sich der Erste Staatsanwalt darüber zu äußern:

a) ob der Antrag bei ihm rechtzeitig eingebracht ist (§ 5 Abs. 1 des Gesetzes),

b) ob und in welcher Höhe ein nach § 2 des Gesetzes zu ersetzender Vermögensnachteil entstanden ist,

c) ob nach Leistung der Entschädigung für die Staatskasse Rechte gegen Dritte gemäß § 3 Abs. 2 des Gesetzes erwachsen, und ob und in welchem Betrage deren Verfolgung voraussichtlich zu einem Ersatze führen wird.

6. Über die tatsächlichen Behauptungen des Antragstellers hat der Erste Staatsanwalt erforderlichenfalls vor der Berichterstattung Erhebungen anzustellen. Weicht das Ergebnis dieser Erhebungen von den Angaben des Antragstellers in wesentlichen Punkten ab, so ist dieser vor der Berichterstattung zu hören.

7. Ist der Beschluß, auf Grund dessen die Entschädigung beansprucht wird, von einem Schöffen-(Amts-)gerichte erlassen, so ist in der Regel eine gutachtliche Äußerung des Amtsrichters über den Antrag zu erheben.

8. Von dem Oberstaatsanwalte werden die Verhandlungen, sofern nicht eine vorherige Ergänzung derselben veranlaßt ist, mit gutachtlicher Äußerung dem Ministerium vorgelegt.

9. Das Verfahren ist tunlichst zu beschleunigen. Durch die Prüfung der in Ziffer 5c bezeichneten Frage darf das Verfahren nicht aufgehalten werden; hierüber ist vielmehr erforderlichenfalls ein Nachtragsbericht zu erstatten.

10. Die Zustellung der von dem Ministerium getroffenen

Entscheidung (§ 5 Abs. 2 des Ges.) wird durch den Ersten Staatsanwalt veranlaßt.

11. Im Falle der Berufung auf den Rechtsweg (§ 5 Abs. 3 des Ges.) hat die Gerichtsschreiberei des Prozeßgerichts von der Erhebung der Klage dem Ersten Staatsanwalt, in dessen Amtsbezirk das im Wiederaufnahmeverfahren ergangene Urteil erlassen worden war, Mitteilung zu machen.

12. Tritt der Beschluß, welcher die Verpflichtung der Staatskasse zur Entschädigung ausgesprochen hat, außer Kraft (§ 4 Abs. 2 des Ges.), so ist dem Ministerium auf dem in Ziffer 4 und 8 bezeichneten Wege Anzeige zu erstatten.

13. Anträge, die bei einer nicht zuständigen Gerichtsbehörde eingehen, sind ohne Verzug an den nach § 5 Abs. 1 des Gesetzes zuständigen Ersten Staatsanwalt abzugeben".

2. Die Entscheidung über den Antrag erfolgt durch die oberste Behörde der Landesjustizverwaltung, in den zur Zuständigkeit des Reichsgerichts in erster Instanz gehörigen Sachen durch den Reichskanzler (§ 6), im militärgerichtlichen Verfahren durch die oberste Militärjustizverwaltungsbehörde, in der Marine durch die oberste Marinejustizverwaltungsbehörde (§ 468 MStrGO. s. S. 151 Anm. 3), in den Konsulargerichtssachen durch den Reichskanzler (§ 23 Abs. 3 des Ges. v. 7. April 1900 s. S. 88 Anm. 3) in den Schutzgebieten ebenfalls durch den Reichskanzler (s. S. 103 Anm. 11).

3. Dem Antragsteller ist nach den Vorschriften in §§ 166 ff. CPrO. eine Ausfertigung der Entscheidung zuzustellen.

4. a) Gibt sich der Entschädigungsberechtigte mit der von der obersten Justizverwaltungsbehörde erlassenen Entscheidung nicht zufrieden, so steht ihm dagegen die Berufung auf den Rechtsweg offen. „Die Beschreitung

des Rechtsweges ist nur nach vorgängiger Entscheidung der obersten Justizverwaltungsbehörde zulässig. Diese Bestimmung trägt der Natur des in Frage stehenden Anspruchs Rechnung und liegt andererseits im Interesse des Entschädigungsberechtigten, dem auf diese Weise vielfach die Weitläufigkeit des gerichtlichen Verfahrens erspart bleiben wird." Begr. S. 6.

b) Für die zu erhebende Zivilklage sind die Zivilkammern der Landgerichte ohne Rücksicht auf den Wert des Streitgegenstandes ausschließlich zuständig und zwar auch in denjenigen Sachen, die zur Zuständigkeit des Reichsgerichts in erster Instanz gehören (s. S. 74 Anm. f) und auch in den militärgerichtlichen Sachen (s. S. 151 Anm. 4b). In den zur Zuständigkeit der Konsulargerichte gehörigen Sachen ist für die Ansprüche auf Entschädigung das Reichsgericht in erster und letzter Instanz zuständig (§ 71 Abs. 2 des Ges. v. 7. April 1900 s. S. 102 Anm. 10 zu § 1), in den Schutzgebieten sind besonders errichtete Gerichtsbehörden zweiter Instanz zuständig (s. S. 103 Anm. 11).

c) Im übrigen gilt wegen der Zuständigkeit der Gerichte und wegen der Vertretung des ersatzpflichtigen Fiskus durchweg das S. 73, 74 Anm. e und f Gesagte.

d) Die Frist zur Erhebung der Klage ist auch hier eine Ausschlußfrist (s. S. 70 Anm. d). In den zur Zuständigkeit der Konsulargerichte gehörigen Sachen beträgt die Frist sechs Monate (§ 71 Abs. 2 d. Ges. v. 7. April 1900), ebenso in den Schutzgebieten (§ 3 des Schutzgebietsgesetzes, RGBl. 1900 S. 813 ff.).

5. Bezüglich des Verbotes der Übertragung oder Verpfändung des Anspruches, solange nicht rechtskräftig darüber entschieden ist, gilt das S. 75, 76 Anm. 4a—d Gesagte.

6. Auf den Anspruch kann jederzeit verzichtet werden. Doch hindert Verzicht des Verurteilten selbst

nicht die Geltendmachung des Anspruches durch die Unterhaltsberechtigten, da dieser selbständig besteht. S. S 58 Anm. 5, S. 100 Anm. 6 zu § 1.

§ 6. In den zur Zuständigkeit des Reichsgerichts in erster Instanz gehörigen Sachen ist statt der Staatskasse die Reichskasse ersatzpflichtig.

In diesen Fällen tritt an die Stelle der Staatsanwaltschaft des Landgerichts die Staatsanwaltschaft bei dem Reichsgericht, an die Stelle der obersten Behörde der Landesjustizverwaltung der Reichskanzler.

Der § 6 stimmt wörtlich überein mit § 9 des Gesetzes von 1904 Die Ausführungen dort (S. 82 ff.) treffen auch hier zu.

Wegen der Frage, welche Sachen zur Zuständigkeit des Reichsgerichts in erster Instanz gehören, s. S. 82 Anm. b.

Wenn die nach § 136 GVG. und § 12 des Gesetzes gegen den Verrat militärischer Geheimnisse vom 3. Juli 1893 zur Zuständigkeit des Reichsgerichts in erster Instanz gehörigen Verbrechen von Personen begangen werden, die unter Militärstrafgerichtsbarkeit stehen, so bleiben für die Verhandlung und Entscheidung in erster Instanz die Kriegsgerichte zuständig. S. S 82 Anm. c.

Für die Erhebung der Zivilklage gegen die Entscheidung des Reichskanzlers (§ 5 Abs. 3) ist auch hier die Zivilkammer des Landgerichts ausschließlich zuständig. S. S. 74 Anm. f und S. 73 Anm. e.

III.

Entschädigung der militärgerichtlich verurteilten und im Wiederaufnahmeverfahren freigesprochenen Personen.

Militärstrafgerichtsordnung vom 1. Dezember 1898

(RGBl. S 1189ff.) II. Teil, achter Titel, §§ 465—468.

Vorbemerkung.

Für die Entschädigung der im militärgerichtlichen Verfahren verurteilten, im Wiederaufnahmeverfahren freigesprochenen Personen kommen die Bestimmungen im achten Titel des zweiten Teiles der Militärstrafgerichtsordnung vom 1. Dezember 1898 zur Anwendung. Diese Vorschriften waren im Regierungsentwurf nicht enthalten, sondern sind erst in der dritten Lesung vom Reichstag eingefügt worden. Während der Entwurf der MStrGO. in der achten Kommission des Reichstages beraten wurde, lag gleichzeitig der siebenten Kommission der Entwurf eines Gesetzes betreffend die Entschädigung der im Wiederaufnahmeverfahren freigesprochenen Personen vor. In der Kommission für die MStrGO wurde nun beantragt, in das Gesetz in einem neuen Titel als §§ 447a—e die Beschlüsse der siebenten Kommission über den Entwurf eines Gesetzes betreffend die Entschädigung der im Wiederaufnahmeverfahren freigesprochenen Personen aufzunehmen. Zur Begründung dieses Antrages wurde darauf hingewiesen, daß die Kommissionsbeschlüsse nur in unerheblichen Dingen von der Regierungsvorlage abwichen, so daß deren unveränderte Annahme in Aussicht stehe. Wenn hiernach die Entschädigung unschuldig Verurteilter für das bürgerliche Verfahren eingeführt würde, so empfehle sie sich auch für das militärgerichtliche Verfahren.

Gegen den Antrag wurden von keiner Seite grundsätzliche Einwendungen erhoben. Insbesondere wurde auch seitens des preußischen Kriegsministers erklärt, daß er gegen die Aufnahme ähnlicher Bestimmungen grundsätzliche Bedenken nicht habe; er könne aber augenblicklich keine bestimmte Stellung einnehmen, weil er die Tragweite des Antrages nicht zu übersehen vermöge. Ein Vertreter des Bundesrates sprach sich darauf für Aussetzung der Erörterungen über diese Frage aus. Vielleicht könne ihre Lösung bei Gelegenheit des Gesetzentwurfs betreffend die Entschädigung der im Wiederaufnahmeverfahren freigesprochenen Personen erfolgen. Darauf wurde von Beratung des Antrages Abstand genommen. (S. Bericht der achten Kommission, Drucksachen des Reichstages V. Session 1897/98 Nr. 150 S. 134—136).

Bei der zweiten Lesung der MStrGO. in der Sitzung des Reichstages vom 19. März 1898 brachte dann der Vorsitzende der achten Kommission, der Abgeordnete Spahn, die Sache abermals zur Sprache mit der Erklärung, daß bei der dritten Lesung der MStrGO. oder des Entwurfes betr. die Entschädigung der im Wiederaufnahmeverfahren freigesprochenen Personen diese Sache erledigt werden müßte (StenogrBer. S. 1635). Für die dritte Lesung der MStrGO. wurden von Prinz von Arenberg und Genossen neue diesbezügliche Anträge eingebracht (Drucksachen d. Reichst. V. Session 1897/98 Nr. 277). Diese sind vom Plenum des Reichstags in der dritten Lesung ohne jede weitere Erörterung angenommen (StenogrBer. S. 2181) und demnächst als Titel 8 §§ 465—468 Gesetz geworden.

§ 465. **Die Vorschriften des Gesetzes, betreffend die Entschädigung der im Wiederaufnahmeverfahren freigesprochenen Personen finden auf die im militärgerichtlichen Verfahren verurteilten Personen entsprechende Anwendung.**

Die Entschädigung wird von der Militärverwaltung desjenigen Kontingents gezahlt, bei dessen Gerichte das Strafverfahren in erster Instanz anhängig war

1. Die Bestimmung, daß das Gesetz vom 20. Mai 1898 „entsprechende" Anwendung findet, bedeutet zunächst, daß es sinngemäß angewendet werden muß, ferner aber auch, daß es nur soweit Anwendung finden soll, als hier nicht Abweichungen vorgesehen sind Dies ist der Fall bezüglich der zahlungspflichtigen Kasse und Verwaltung in §§ 465 Abs. 2, 466, 467, in § 467 außerdem noch insofern, als hiernach über die Entschädigungsverpflichtung durch das im Wiederaufnahmeverfahren erkennende Urteil (nicht durch besonderen Beschluß, § 4 des Ges. v 1898) Bestimmung getroffen wird, endlich in § 468, wo angeordnet ist, daß der Antrag auf Zubilligung einer Entschädigung anstatt bei der Staatsanwaltschaft (§ 5 des Ges. v. 1898) bei dem Gerichtsherrn, auf dessen Befehl im Wiederaufnahmeverfahren das Gericht erster Instanz erkannt hat, unter Umständen (§ 447 MStrGO.) bei dem Präsidenten des Reichsmilitärgerichts anzubringen ist, und daß über den Antrag die oberste Militärjustizverwaltungsbehörde entscheiden soll.

An die Stelle der Militärjustizverwaltung und der Kontingentskasse tritt in der Marine überall die Marinejustizverwaltung und die Reichskasse.

2 Die Voraussetzungen für die Gewährung eines klagbaren Entschädigungsanspruches sind im militär-

gerichtlichen Strafverfahren dieselben wie im bürgerlichen. Es gelten in dieser Beziehung sinngemäß die Ausführungen in den Anmerkungen 1 bis 5 zu § 1 des Gesetzes von 1898.

Wegen des Wiederaufnahmeverfahrens vgl. §§ 436 ff. MStrGO. (s. Anhang S. 159).

Wegen der Strafvollstreckung s. S. 104 Anm. 2a—c zu § 2 des Gesetzes von 1898, §§ 450 ff. MStrGO. ferner die Militärstrafvollstreckungsvorschrift v. 9. Februar 1888. Unter „Strafen" sind auch hier nicht bloß Freiheitsstrafen, sondern alle Strafen des RStrGB. (s. S. 95 Anm. 4a zu § 1 des Ges. v. 1898) und des MStrGB. (§§ 14 ff., 43 ff.) zu verstehen. Wegen des Verlustes der Dienststelle s. S. 105 Anm. 2d zu § 2.

Auch im militärgerichtlichen Strafverfahren ist der Anspruch ausgeschlossen, wenn der Verurteilte die frühere Verurteilung selbst vorsätzlich herbeigeführt oder durch grobe Fahrlässigkeit verschuldet hat. S. S. 101 Anm. 8 zu § 1.

3. Außer dem Verurteilten haben auch die kraft Gesetzes Unterhaltsberechtigten einen Ersatzanspruch. S. S. 99 Anm. 6 zu § 1, S. 48 Anm. 5b, S. 49 Anm. 5c.

Betreffs der Erben des Verurteilten gilt das S. 100 Anm. 7 zu § 1 Gesagte.

4. Wegen des Umfanges des dem Verurteilten und den Unterhaltsberechtigten zu leistenden Ersatzes findet das S. 104 ff. in Anm. 1—4b zu § 2 Angeführte sinngemäße Anwendung.

Auch im militärgerichtlichen Verfahren ist nur der durch die Strafvollstreckung (nicht auch allgemein der durch die Strafverfolgung) entstandene Vermögensschaden zu ersetzen.

5. Wie bereits erwähnt, tritt an die Stelle der

Staatskasse (§ 3 Abs. 1 des Ges. von 1898) als ersatzpflichtig die Kasse desjenigen Kontingents, bei dessen Gerichte das Strafverfahren in erster Instanz anhängig war.

In der Marine ist die Reichskasse ersatzpflichtig.

Unter dem „Strafverfahren" ist nicht das Wiederaufnahmeverfahren, sondern das durch rechtskräftiges Urteil geschlossen gewesene Verfahren zu verstehen. S. auch S. 116 Anm. 1a zu § 8.

§ 466. Bis zum Betrage der geleisteten Entschädigung tritt die Kontingentsverwaltung in die Rechte ein, welche dem Entschädigten gegen Dritte um deswillen zustehen*), weil durch deren rechtswidrige Handlungen seine Verurteilung herbeigeführt war.

1. Der § entspricht dem § 8 Abs. 2 des Gesetzes vom 20. Mai 1898. Es gilt daher allgemein das hierzu S. 118 Anm. 2a—c Gesagte.

2. An die Stelle der Kontingentsverwaltung tritt in der Marine die Marineverwaltung.

3. Als „rechtswidrige Handlungen", durch die die Verurteilung herbeigeführt war, kommen in erster Linie die in § 436 Nr. 1—3 MStrGO. angeführten in Betracht. S. Anhang S. 159 und S. 118 Anm. 2a.

4. Die Frage, welche Rechte dem Entschädigten gegen Dritte, die durch rechtswidrige Handlungen seine Verurteilung herbeigeführt haben, zustehen, ist nach den Vorschriften des BGB. in §§ 823 ff. zu beantworten. S. Anhang S. 167 und S. 118 Anm. 2b zu § 8.

5. Die Kontingentsverwaltung (Marineverwaltung) erwirbt die bezeichneten Rechte des Entschädigten gegen

*) Im amtlichen Texte heißt es versehentlich „zusteht". (RGBl. 1898 S. 1287.)

Dritte ohne besondere Abtretung von Rechtswegen.

§ 467. Über die Verpflichtung der Kontingentsverwaltung zur Entschädigung wird durch das im Wiederaufnahmeverfahren erkennende Urteil Bestimmung getroffen.

1. Wie im bürgerlichen Strafverfahren, so ist auch im militärischen über die Entschädigungsverpflichtung der Kontingents-(Marine-)Verwaltung von Amtswegen Bestimmung zu treffen; eines Antrages bedarf es nicht, doch können die Beteiligten (Vertreter der Anklage, Angeklagter sowie dessen Verteidiger) sich vor der Entscheidung darüber äußern. Ebenso Koppmann Anmerk. zu § 467. Ferner ist in allen Fällen der Freisprechung im Wiederaufnahmeverfahren oder der Verurteilung zu einer geringeren Strafe unter Anwendung eines milderen Strafgesetzes (§ 1 Abs. 1 des Ges. v. 1898) über die Ersatzpflicht zu entscheiden, auch dann, wenn diese verneint oder wenn auf den Entschädigungsanspruch seitens des Berechtigten verzichtet wird. S. S. 119 Anm. 1a zu § 4.

2. Der § 467 enthält eine Abweichung von der entsprechenden Vorschrift für das bürgerliche Strafverfahren in § 4 des Gesetzes vom 20. Mai 1898. Während nämlich nach dieser Vorschrift im bürgerlichen Strafverfahren durch „besonderen Beschluß" des im Wiederaufnahmeverfahren erkennenden Gerichtes über die Entschädigungsverpflichtung Bestimmung zu treffen ist, muß im militärgerichtlichen Verfahren durch „Urteil" darüber Bestimmung getroffen werden. Der Grund dieser Abweichung ist nicht ersichtlich. Es handelt sich hier aber lediglich um einen rein formellen Unterschied ohne jede weitere materielle Bedeutung. Insbesondere ist nicht anzunehmen, daß das hier ergehende Urteil bezüglich der

Anfechtbarkeit durch Rechtsmittel anders zu behandeln sei, als der im bürgerlichen Strafverfahren ergehende Beschluß; es unterliegt vielmehr, ebenso wie dieser, nicht der Anfechtung durch Rechtsmittel. Das Reichsmilitärgericht führt in einer Entscheidung vom 7. April 1902 (Entsch. Bd. II S. 257 ff.) aus: „Während in dem unter dem 20. Mai 1898 vollzogenen Gesetze betr. die Entschädigung der im Wiederaufnahmeverfahren freigesprochenen Personen im § 4 bestimmt ist, daß über die Verpflichtung der Staatskasse zur Entschädigung durch besonderen Beschluß des im Wiederaufnahmeverfahren erkennenden Gerichts Bestimmung zu treffen ist, dieser Beschluß von dem Gerichte gleichzeitig mit dem Urteile zu fassen ist, einer Anfechtung durch Rechtsmittel aber nicht unterliegt, enthalten die demnächst zum Gesetz erhobenen Anträge des Prinzen v. Arenberg und Genossen (Nr. 277 der Drucksachen) im jetzigen § 467 MStrGO. lediglich die abweichende Vorschrift, daß über die Verpflichtung der Kontingentsverwaltung zur Entschädigung durch das im Wiederaufnahmeverfahren erkennende Urteil Bestimmung zu treffen ist.

Da vor der Annahme der Abänderungsanträge im Plenum des Reichstages zur Begründung derselben das Wort nicht ergriffen ist, die Abänderungsanträge selbst aber eine Begründung nicht enthalten, so erhellt in keiner Weise, weshalb die derzeit vom Reichstag bereits angenommene Bestimmung des § 4 des Gesetzes vom 20. Mai 1898 nicht auch in die MStrGO. übernommen ist, weshalb also ein besonderer Beschluß nicht erlassen werden soll, und weshalb die Bestimmung des genannten Gesetzes, daß der hier erforderliche Beschluß der Anfechtung durch Rechtsmittel nicht unterliegt, nicht auch auf das nach § 467 MStrGO. ausschließlich zu erlassende Urteil ausdrücklich übertragen ist.

Es würde indes fehlsam sein, aus dieser Abweichung mit dem angefochtenen oberkriegsgerichtlichen Urteile den

Schluß zu ziehen, daß der ganze § 4 des Gesetzes vom 20. Mai 1898 durch den § 467 MStrGO. ersetzt und deshalb nach dem allgemeinen Grundsatze des § 878 MStrGO. gegen das in erster Instanz von dem Kriegsgerichte erlassene Urteil das Rechtsmittel der Berufung zulässig sei.

Nach § 465 MStrGO. finden die Vorschriften des Gesetzes vom 20. Mai 1898 auf die im militärgerichtlichen Verfahren verurteilten Personen entsprechende Anwendung. Mit dieser Bestimmung ist an sich zum Ausdrucke gebracht, daß auch der Grundsatz der Nichtanfechtbarkeit der die Entschädigung betreffenden Bestimmung im militärgerichtlichen Verfahren Geltung hat. Mangels einer ausdrücklichen Erklärung, daß mit der Abänderung des § 4 des Gesetzes vom 20. Mai 1898 noch etwas anderes bezweckt werde, als der Fortfall des dort vorgeschriebenen besonderen Beschlusses und die Vereinigung der Entscheidung in der Hauptsache mit derjenigen über die Verpflichtung zur Entschädigung allein in dem Urteile, muß deshalb davon ausgegangen werden, daß in der Frage der Anfechtbarkeit der über die Entschädigung ergehenden Bestimmung eine Abänderung gegenüber dem Grundsatze des Gesetzes vom 20. Mai 1898 nicht beabsichtigt gewesen ist. Daß in diesem Punkte eine entgegenstehende Auffassung durch die abgeänderte Fassung hat zum Ausdrucke gebracht werden sollen, kann beim völligen Stillschweigen insbesondere der Antragsteller um so weniger angenommen werden, als die Anfechtbarkeit einer richterlichen Entscheidung, wie immer, so auch in dieser Materie, von einschneidendster Bedeutung ist und nicht der geringste Grund ersichtlich ist, weshalb bei diesen gleichzeitig beratenen und verabschiedeten Gesetzentwürfen den unter der Militärstrafgerichtsbarkeit stehenden Personen gegen die die Entschädigung betreffende richterliche Bestimmung ein Rechtsmittel hätte verliehen werden sollen, welches der großen Masse der der bürgerlichen Gerichtsbarkeit unterstehenden Personen ausdrücklich versagt ist.

Bei dieser Sachlage kann auch aus dem rein formellen Unterschiede, daß im militärgerichtlichen Verfahren statt im Wege des Beschlusses im Urteile Bestimmung getroffen werden soll, und aus der hierdurch gegenüber dem Grundsatze des § 378 MStrGO. entstehenden Anomalie, daß dieser Teil des Urteils mit der Berufung nicht anfechtbar sei, für eine entgegenstehende Absicht des Gesetzes ein entscheidendes Gewicht nicht hergeleitet werden."

3. Wenn neben der unschuldig erlittenen Strafe eine unschuldig erlittene Untersuchungshaft vorliegt, so muß wegen der Entschädigung für diese gemäß §§ 1 und 4 des Gesetzes von 1904 gleichzeitig mit dem freisprechenden Urteile durch besonderen Beschluß Bestimmung getroffen werden. S. S. 84 Anm. 4a zu § 10.

4. Die Entscheidung über die Entschädigungsverpflichtung kann kurz lauten „Die Preußische, Sächsische usw. Kontingentsverwaltung (die Marineverwaltung) ist zur Entschädigung des Freigesprochenen verpflichtet (nicht verpflichtet)." Der Beifügung von Gründen bedarf es nicht. S. S. 119 Anm. 1b zu § 4 und S. 85 Anm. 4b zu § 10.

5. Die Bestimmung in § 4 Abs. 2 des Gesetzes von 1898, daß die Entscheidung über die Entschädigungsverpflichtung der Staatskasse nicht zu verkünden sei, findet hier keine Anwendung, da ja die Entscheidung „durch das erkennende Urteil" getroffen wird. Die Entscheidung ist daher als wesentlicher und untrennbarer Bestandteil des Urteils mit diesem gemäß § 327 MStrGO. zu verkünden. Außerdem aber ist sie dem Angeklagten noch besonders zuzustellen; vgl. hierzu S. 123 Anm. 3b u. c zu § 4). Das erscheint schon notwendig in Hinsicht auf § 468, wo ausdrücklich an die Zustellung des Urteils der Beginn der Frist zur Erhebung des Entschädigungs-

anspruches geknüpft ist. So auch Koppmann, Anm. zu § 467.

Wenn gemäß § 447 das Reichsmilitärgericht im Wiederaufnahmeverfahren erkannt hat, weil der Verurteilte in eine unheilbare Geisteskrankheit verfallen ist, so ist das über die Entschädigungsverpflichtung ergehende Urteil (§ 467) dem gesetzlichen Vertreter des Verurteilten zuzustellen, da dieser selbst gemäß § 104 Nr. 2 BGB. „geschäftsunfähig" ist. Ihm kann daher mit rechtlicher Wirkung nicht zugestellt werden. Die dennoch an ihn erfolgte Zustellung würde insbesondere nicht geeignet sein, die Ausschlußfrist von drei Monaten zur Erhebung des Anspruchs in Lauf zu setzen. Wegen dieser Geschäftsunfähigkeit könnte auch einem von dem geisteskranken Verurteilten selbst etwa gestellten Antrage auf Zubilligung einer Entschädigung nicht näher getreten werden (§ 105 BGB.: „Die Willenserklärung eines Geschäftsunfähigen ist nichtig"). Nötigenfalls muß daher dem Verurteilten ein besonderer Pfleger bestellt werden.

6. Auch im militärgerichtlichen Verfahren tritt die Entscheidung über die Entschädigungsverpflichtung von selbst außer Kraft, wenn das im Wiederaufnahmeverfahren erkennende Urteil aufgehoben wird. § 4 Abs. 2 des Gesetzes von 1898. So auch Koppmann a. a. O.

§ 468. Wer auf Grund des die Verpflichtung einer Kontingentsverwaltung zur Entschädigung aussprechenden Urteils einen Anspruch geltend macht, hat diesen Anspruch bei Vermeidung des Verlustes binnen drei Monaten nach Zustellung des Urteils durch Antrag bei dem Gerichtsherrn, auf dessen Befehl im Wiederaufnahmeverfahren das Gericht erster Instanz erkannt hat, in den Fällen des § 447 bei dem Präsidenten des Reichsmilitärgerichts zu erheben.

Über den Antrag entscheidet die oberste Militärjustizverwaltungsbehörde.

1. Der § enthält nur die für das militärgerichtliche Verfahren notwendigen Abweichungen von den Vorschriften für die Geltendmachung und weitere Verfolgung des Entschädigungsanspruches in § 5 des Gesetzes von 1898. Von diesen Abweichungen abgesehen sind auch im militärgerichtlichen Verfahren die Vorschriften des § 5 maßgebend. Es gelten daher im allgemeinen die Ausführungen § 5.

2. a) Der Anspruch ist binnen einer Ausschlußfrist von drei Monaten nach Zustellung des Urteils zu erheben. Die Frist beginnt auch für die Unterhaltsberechtigten mit der Zustellung des Urteils an den Freigesprochenen; auf eine besondere Zustellung haben jene keinen Anspruch. S. S. 127 Anm. c u. S. 68 Anm. c.

b) Anzubringen ist der Antrag bei dem Gerichtsherrn, auf dessen Befehl im Wiederaufnahmeverfahren das Gericht erster Instanz erkannt hat. Vgl. hierzu §§ 446 Abs. 3, 18 Abs. 3, 261 MStrGO. In den Fällen des § 447 MStrGO. ist der Antrag bei dem Präsidenten des Reichsmilitärgerichts zu stellen. § 447: „Ist der Verurteilte bereits verstorben oder in eine unheilbare Geisteskrankheit verfallen, so findet eine Erneuerung der Hauptverhandlung nicht statt. Das Reichsmilitärgericht hat vielmehr auf Grund der neuen Ermittelungen ohne mündliche Verhandlung auf Freisprechung zu erkennen oder den Antrag auf Wiederaufnahme abzulehnen.

Mit der Freisprechung ist die Aufhebung des früheren Urteils zu verbinden."

Hinsichtlich der Behandlung der Anträge sind folgende Ausführungsbestimmungen ergangen:

Für das Preußische Kontingent Bestimmung des Kriegsministeriums vom 2. Januar 1900 (Armee-Verordnungsblatt für 1900 Nr. 1 S. 11):

1. Der Gerichtsherr legt den Antrag mit den Akten dem Kriegsministerium (Versorgungs- und Justizdepartement) vor.

Er äußert sich dabei darüber:

a) wann der Anspruch erhoben ist;

b) ob und in welcher Höhe ein nach § 465 der Militärstrafgerichtsordnung und nach § 2 des Gesetzes vom 20. Mai 1898 zu ersetzender Vermögensschaden entstanden ist.

Vorher ist, soweit erforderlich, die Richtigkeit der Angaben des Antragstellers festzustellen. Werden diese Angaben im wesentlichen nicht bestätigt, so ist der Antragsteller zu vernehmen.

2. Die Zustellung der Entscheidung veranlaßt der Gerichtsherr (§ 138).

3. Anträge, die bei einer nicht zuständigen Stelle eingehen, sind ohne Verzug an die nach § 468 Abs. 1 zuständige Stelle abzugeben.

Für das Bayerische Kontingent die gleichlautende Bestimmung des Kriegsministeriums vom 4. Mai 1900 (Verordnungsblatt des K. Bayerischen Kriegsministeriums für 1900 Nr. 21 S. 286). Hier ist der Antrag dem „Kriegsministerium" vorzulegen.

Für das Sächsische Kontingent die gleichlautende Bestimmung des Kriegsministeriums vom 19. Januar 1900 (K. Sächsisches Militär-Verordnungsblatt für 1900 Nr. 4 S. 22, 23). Hier ist der Antrag dem „Kriegsministerium (Abteilung für Justiz- und Invaliden-Angelegenheiten)" vorzulegen.

Für das Württembergische Kontingent die Bestimmung des Kriegsministeriums vom 30. März 1900 (K. Württembergisches Militärverordnungsblatt für 1900, Nr. 22 Anlage S. 22). Sie hat ebenfalls denselben Wortlaut wie die Preußische.

Für die Marine die gleichlautende Bestimmung des Staatssekretärs des Reichs-Marine-Amtes vom 26. März

1900 (Marineverordnungsblatt für 1900, Nr. 5 S. 91). Der Antrag ist dem „Reichskanzler (Reichs-Marine-Amt)" vorzulegen.

3. Die Entscheidung erfolgt, wie im bürgerlichen Strafverfahren durch die oberste Zivil-Justizverwaltungsbehörde, so hier durch die oberste Militär-Justizverwaltungsbehörde, in der Marine durch die oberste Marine-Justizverwaltungsbehörde, und zwar auch dann, wenn der Antrag (in den Fällen des § 447) bei dem Präsidenten des Reichsmilitärgerichts angebracht ist. Die obersten Justizverwaltungsbehörden sind gemäß § 111 MStrGO. hinsichtlich der Marine der Reichskanzler (Reichs-Marine-Amt), für das Heer die Kriegsministerien oder die ihnen in dieser Beziehung gleichstehenden Behörden, das sind in Mecklenburg-Schwerin das „Militärdepartement", in Mecklenburg-Strelitz das „Militärkollegium". S. auch S. 86 Anm. 7.

4. Für das weitere Verfahren gelten die Vorschriften in Abs. 2 Satz 2, Abs. 3 und 4 des § 5 d. Ges. v. 1898.

a) Auch im militärgerichtlichen Verfahren ist dem Antragsteller eine Ausfertigung der Entscheidung nach den Vorschriften der Zivilprozeßordnung zuzustellen. Die Zustellung veranlaßt der Gerichtsherr. S. die Ausführungsbestimmungen in Anm. 2c.

b) Gegen die Entscheidung ist auch hier die Berufung auf den Rechtsweg zulässig. Die Klage ist binnen einer Ausschlußfrist von drei Monaten nach Zustellung der Entscheidung zu erheben. Wegen der sachlichen und örtlichen Zuständigkeit gilt dasselbe, wie wenn die Entschädigungsverpflichtung im bürgerlichen Strafverfahren ausgesprochen ist. S. 137 Anm. 4b u. c.

c) Auch im militärgerichtlichen Verfahren kann der Anspruch vor rechtskräftiger Entscheidung über den Antrag rechtswirksam weder übertragen noch verpfändet werden. S. S. 137 Anm. 5, S. 75, 76.

C. Anhang.

I.

Die Bestimmungen der Strafprozeßordnung und der Militärstrafgerichtsordnung über die Wiederaufnahme eines durch rechtskräftiges Urteil geschlossenen Verfahrens.

1. Strafprozeßordnung.

Vom 1. Februar 1877 (RGBl. 253 ff.).

Viertes Buch.

Wiederaufnahme eines durch rechtskräftiges Urteil geschlossenen Verfahrens.

§ 399. Die Wiederaufnahme eines durch rechtskräftiges Urteil geschlossenen Verfahrens zu Gunsten des Verurteilten findet statt:

1. wenn eine in der Hauptverhandlung zu seinen Ungunsten als echt vorgebrachte Urkunde fälschlich angefertigt oder verfälscht war;

2. wenn durch Beeidigung eines zu seinen Ungunsten abgelegten Zeugnisses oder abgegebenen Gutachtens der Zeuge oder Sachverständige sich einer vorsätzlichen oder fahrlässigen Verletzung der Eidespflicht schuldig gemacht hat;
3. wenn bei dem Urteil ein Richter, Geschworener oder Schöffe mitgewirkt hat, welcher sich in Beziehung auf die Sache einer Verletzung seiner Amtspflichten schuldig gemacht hat, sofern diese Verletzung mit einer im Wege des gerichtlichen Strafverfahrens zu verhängenden öffentlichen Strafe bedroht und nicht vom Verurteilten selbst veranlaßt ist;
4. wenn ein zivilgerichtliches Urteil, auf welches das Strafurteil gegründet ist, durch ein anderes rechtskräftig gewordenes Urteil aufgehoben ist;
5. wenn neue Tatsachen oder Beweismittel beigebracht sind, welche allein oder in Verbindung mit den früher erhobenen Beweisen die Freisprechung des Angeklagten oder in Anwendung eines milderen Strafgesetzes eine geringere Bestrafung zu begründen geeignet sind. In den vor den Schöffengerichten verhandelten Sachen können nur solche Tatsachen oder Beweismittel beigebracht werden, welche der Verurteilte in dem früheren Ver-

fahren einschließlich der Berufungsinstanz nicht gekannt hatte oder ohne Verschulden nicht geltend machen konnte.

§ 400. Durch den Antrag auf Wiederaufnahme des Verfahrens wird die Vollstreckung des Urteils nicht gehemmt.

Das Gericht kann jedoch einen Aufschub sowie eine Unterbrechung der Vollstreckung anordnen.

§ 401. Der Antrag auf Wiederaufnahme des Verfahrens wird weder durch die erfolgte Strafvollstreckung noch durch den Tod des Verurteilten ausgeschlossen.

Im Falle des Todes sind der Ehegatte, die Verwandten auf- und absteigender Linie sowie die Geschwister des Verstorbenen zu dem Antrage befugt.

§ 402. Die Wiederaufnahme eines durch rechtskräftiges Urteil geschlossenen Verfahrens zu Ungunsten des Angeklagten findet statt:

1. wenn eine in der Hauptverhandlung zu seinen Gunsten als echt vorgebrachte Urkunde fälschlich angefertigt oder verfälscht war;
2. wenn durch Beeidigung eines zu seinen Gunsten abgelegten Zeugnisses oder abgegebenen Gutachtens der Zeuge oder Sachverständige sich einer vorsätzlichen oder fahrlässigen Verletzung der Eidespflicht schuldig gemacht hat;
3. wenn bei dem Urteil ein Richter, Geschworener oder Schöffe mitgewirkt hat,

welcher sich in Beziehung auf die Sache einer Verletzung seiner Amtspflichten schuldig gemacht hat, sofern diese Verletzung mit einer im Wege des gerichtlichen Strafverfahrens zu verhängenden öffentlichen Strafe bedroht ist;

4. wenn von dem Freigesprochenen vor Gericht oder außergerichtlich ein glaubwürdiges Geständnis der strafbaren Handlung abgelegt wird.

§ 403. Eine Wiederaufnahme des Verfahrens zum Zwecke der Änderung der Strafe innerhalb des durch dasselbe Gesetz bestimmten Strafmaßes findet nicht statt.

§ 404. Ein Antrag auf Wiederaufnahme des Verfahrens, welcher auf die Behauptung einer strafbaren Handlung gegründet werden soll, ist nur dann zulässig, wenn wegen dieser Handlung eine rechtskräftige Verurteilung ergangen ist, oder wenn die Einleitung oder Durchführung eines Strafverfahrens aus anderen Gründen als wegen Mangels an Beweis nicht erfolgen kann.

§ 405. Die allgemeinen Bestimmungen über Rechtsmittel finden auch bei dem Antrag auf Wiederaufnahme des Verfahrens Anwendung.

§ 406. In dem Antrage müssen der gesetzliche Grund der Wiederaufnahme des Verfahrens sowie die Beweismittel angegeben werden.

Von dem Angeklagten und den im § 401 Abs. 2

bezeichneten Personen kann der Antrag nur mittels einer von dem Verteidiger oder einem Rechtsanwalt unterzeichneten Schrift oder zu Protokoll des Gerichtsschreibers angebracht werden.

§ 407. Über die Zulassung des Antrags auf Wiederaufnahme des Verfahrens entscheidet das Gericht, dessen Urteil mit dem Antrag angefochten wird. Wird ein in der Revisionsinstanz erlassenes Urteil aus anderen Gründen als auf Grund des § 399 Nr. 3 oder des § 402 Nr. 3 angefochten, so entscheidet das Gericht, gegen dessen Urteil die Revision eingelegt war.

Die Entscheidung erfolgt ohne mündliche Verhandlung.

§ 408. Ist der Antrag nicht in der vorgeschriebenen Form angebracht, oder ist darin kein gesetzlicher Grund der Wiederaufnahme geltend gemacht oder kein geeignetes Beweismittel angeführt, so ist der Antrag als unzulässig zu verwerfen.

Andernfalls ist derselbe dem Gegner des Antragstellers unter Bestimmung einer Frist zur Erklärung zuzustellen.

§ 409. Wird der Antrag an sich für zulässig befunden, so beauftragt das Gericht mit Aufnahme der angetretenen Beweise, soweit diese erforderlich ist, einen Richter.

Dem Ermessen des Gerichts bleibt es überlassen, ob die Zeugen und Sachverständigen eidlich vernommen werden sollen.

Hinsichtlich der Berechtigung der Beteiligten zur Anwesenheit bei der Beweisaufnahme kommen die für die Voruntersuchung gegebenen Vorschriften zur Anwendung.

Nach Schluß der Beweisaufnahme sind die Staatsanwaltschaft und der Angeklagte unter Bestimmung einer Frist zur ferneren Erklärung aufzufordern.

Wegen der Berechtigung der Beteiligten zur Anwesenheit bei der Beweisaufnahme in der Voruntersuchung vgl. §§ 191—193 StrPrO.

§ 410. Der Antrag auf Wiederaufnahme des Verfahrens wird ohne mündliche Verhandlung als unbegründet verworfen, wenn die darin aufgestellten Behauptungen keine genügende Bestätigung gefunden haben, oder wenn in den Fällen des § 399 Nr. 1, 2 oder des § 402 Nr. 1, 2 nach Lage der Sache die Annahme ausgeschlossen ist, daß die in diesen Bestimmungen bezeichnete Handlung auf die Entscheidung Einfluß gehabt hat.

Anderenfalls verordnet das Gericht die Wiederaufnahme des Verfahrens und die Erneuerung der Hauptverhandlung.

§ 411. Ist der Verurteilte bereits verstorben, so hat ohne Erneuerung der Hauptverhandlung das Gericht nach Aufnahme des etwa noch erforderlichen Beweises entweder die Freisprechung zu erkennen oder den Antrag auf Wiederaufnahme abzulehnen.

Auch in anderen Fällen kann das Gericht, bei

öffentlichen Klagen jedoch nur mit Zustimmung der Staatsanwaltschaft, den Verurteilten sofort freisprechen, wenn dazu genügende Beweise bereits vorliegen.

Mit der Freisprechung ist die Aufhebung des früheren Urteils zu verbinden.

Die Aufhebung ist auf Verlangen des Antragstellers durch den Deutschen Reichsanzeiger bekannt zu machen, und kann nach dem Ermessen des Gerichts auch durch andere Blätter veröffentlicht werden.

§ 412. Alle Entscheidungen, welche aus Anlaß eines Antrags auf Wiederaufnahme des Verfahrens von dem Gericht in erster Instanz erlassen werden, können mit der sofortigen Beschwerde angefochten werden.

§ 413. In der erneuten Hauptverhandlung ist entweder das frühere Urteil aufrecht zu erhalten oder unter Aufhebung desselben anderweit in der Sache zu erkennen.

Ist die Wiederaufnahme des Verfahrens nur von dem Verurteilten oder zu Gunsten desselben von der Staatsanwaltschaft oder von einer der im § 340 bezeichneten Personen beantragt worden, so darf das neue Urteil eine härtere Strafe als die in dem früheren erkannte nicht verhängen.

Die in § 340 bezeichneten Personen sind: der gesetzliche Vertreter eines Beschuldigten und der Ehemann einer beschuldigten Frau.

2. Militärstrafgerichtsordnung.

Vom 1. Dezember 1898 (RGBl. S. 1189).

Zweiter Teil, sechster Titel.

Wiederaufnahme eines durch rechtskräftiges Urteil geschlossenen Verfahrens.

§ 436. Die Wiederaufnahme eines durch rechtskräftiges Urteil geschlossenen Verfahrens zu Gunsten des Verurteilten findet statt:

1. wenn eine in der Hauptverhandlung zu seinen Ungunsten als echt vorgebrachte Urkunde fälschlich angefertigt oder verfälscht war;
2. wenn durch ein zu seinen Ungunsten abgelegtes Zeugnis oder abgegebenes Gutachten der Zeuge oder Sachverständige sich einer vorsätzlichen oder fahrlässigen Verletzung der Eidespflicht oder einer wissentlich falschen uneidlichen Aussage schuldig gemacht hat;
3. wenn bei dem Urteil ein Richter mitgewirkt hat, welcher sich in Beziehung auf die Sache einer Verletzung seiner Amtspflichten schuldig gemacht hat, sofern diese Verletzung mit einer im Wege des gerichtlichen Strafverfahrens zu verhängenden öffentlichen Strafe bedroht und nicht vom Verurteilten selbst veranlaßt ist;
4. wenn ein zivilgerichtliches Urteil, auf welches das Strafurteil begründet ist, durch ein

anderes rechtskräftig gewordenes Urteil aufgehoben ist;

5. wenn neue Tatsachen oder Beweismittel beigebracht sind, aus denen allein oder in Verbindung mit den früher erhobenen Beweisen sich die Unschuld des Verurteilten, sei es bezüglich der ihm zur Last gelegten Tat überhaupt, sei es bezüglich eines die Anwendung eines härteren Strafgesetzes begründenden Umstandes, ergibt oder doch dargetan wird, daß ein begründeter Verdacht gegen den Angeklagten nicht mehr vorliegt.

§ 437. Der Antrag auf Wiederaufnahme des Verfahrens wird weder durch die erfolgte Strafvollstreckung, noch durch den Tod des Verurteilten, noch durch die Beendigung des die Militärstrafgerichtsbarkeit über den Verurteilten begründenden Verhältnisses ausgeschlossen.

Im Falle des Todes sind der Ehegatte, die Verwandten aufsteigender und absteigender Linie, sowie die Geschwister des Verstorbenen zu dem Antrage befugt.

§ 438. Die Wiederaufnahme eines durch rechtskräftiges Urteil geschlossenen Verfahrens zu Ungunsten des Angeklagten findet statt:

1. wenn eine in der Hauptverhandlung zu seinen Gunsten als echt vorgebrachte Urkunde fälschlich angefertigt oder verfälscht war.

2. wenn durch ein zu seinen Gunsten abgelegtes Zeugnis oder abgegebenes Gutachten der Zeuge oder Sachverständige sich einer vorsätzlichen oder fahrlässigen Verletzung der Eidespflicht oder einer wissentlich falschen uneidlichen Aussage schuldig gemacht hat;
3. wenn bei dem Urteil ein Richter mitgewirkt hat, welcher sich in Beziehung auf die Sache einer Verletzung seiner Amtspflichten schuldig gemacht hat, sofern diese Verletzung mit einer im Wege des gerichtlichen Strafverfahrens zu verhängenden öffentlichen Strafe bedroht ist;
4. wenn von dem Freigesprochenen vor Gericht oder außergerichtlich ein glaubwürdiges Geständnis der strafbaren Handlung abgelegt wird.

§ 439. Eine Wiederaufnahme des Verfahrens zum Zwecke der Änderung der Strafe innerhalb des durch dasselbe Gesetz bestimmten Strafmaßes findet nicht statt.

§ 440. Ein Antrag auf Wiederaufnahme des Verfahrens, welcher auf die Behauptung einer strafbaren Handlung gegründet werden soll, ist nur dann zulässig, wenn wegen dieser Handlung eine rechtskräftige Verurteilung ergangen ist, oder wenn die Einleitung oder Durchführung eines Strafverfahrens aus anderen Gründen als wegen Mangels an Beweis nicht erfolgen kann.

§ 441. Die Bestimmungen der §§ 367, 369 Absatz 5 und des § 370 finden auch bei dem Antrag auf Wiederaufnahme des Verfahrens entsprechende Anwendung.

§ 367: „Der Gerichtsherr kann von den ihm zuständigen Rechtsmitteln auch zu Gunsten des Angeklagten Gebrauch machen.

Jedes seitens des Gerichtsherrn eingelegte Rechtsmittel hat die Wirkung, daß die angefochtene Entscheidung auch zu Gunsten des Angeklagten abgeändert oder aufgehoben werden kann."

§ 369 Abs. 5: „Für den Beschuldigten kann auch der Verteidiger, jedoch nur in dessen ausdrücklichem Auftrage, Rechtsmittel einlegen."

§ 370: „Ein Irrtum in der Bezeichnung des zulässigen Rechtsmittels ist unschädlich."

§ 442. In dem Antrage müssen der gesetzliche Grund der Wiederaufnahme des Verfahrens, sowie die Beweismittel angegeben werden.

Der Antrag ist seitens des Angeklagten oder einer der im § 437 Absatz 2 bezeichneten Personen bei dem Gerichtsherrn erster Instanz in Gemäßheit des § 369 Absatz 2 und 3 anzubringen.

§ 369 Abs. 2 und 3: „Die Erklärungen können schriftlich eingereicht oder zu Protokoll eines Gerichtsoffiziers oder eines richterlichen Militärjustizbeamten oder des nächsten mit Disziplinarstrafgewalt versehenen Vorgesetzten abgegeben werden.

Angeklagte, welche sich nicht auf freiem Fuße befinden, können die Erklärungen überdies zu Protokoll des mit der Aufsicht über das Gefängnis betrauten Offiziers oder Beamten oder, sofern sie nicht dem aktiven Heere oder

der aktiven Marine angehören, desjenigen Amtsgerichts geben, in dessen Bezirke das Gefängnis liegt."

§ 443. Über die Zulassung des Antrags entscheidet das Reichsmilitärgericht.

Die Entscheidung erfolgt ohne mündliche Verhandlung nach Anhörung der Militäranwaltschaft.

Das Reichsmilitärgericht kann einen Aufschub, sowie eine Unterbrechung der Strafvollstreckung anordnen.

§ 444. Ist der Antrag nicht in der vorgeschriebenen Form angebracht oder ist darin kein gesetzlicher Grund der Wiederaufnahme geltend gemacht oder kein geeignetes Beweismaterial angeführt, so ist der Antrag als unzulässig zu verwerfen.

Anderenfalls ist der Antrag, wenn er von dem Verurteilten oder im Falle des § 437 Absatz 2 zu dessen Gunsten gestellt war, der Militäranwaltschaft, wenn er zu Ungunsten des Verurteilten gestellt war, diesem unter Bestimmung einer Frist zur Erklärung mitzuteilen.

§ 445. Wird der Antrag an sich für zulässig befunden, so veranlaßt das Reichsmilitärgericht die Aufnahme der angetretenen Beweise, soweit diese erforderlich ist, mittels Ersuchens an einen Gerichtsherrn oder an einen Amtsrichter.

Die Vernehmung der Zeugen und Sachverständigen erfolgt eidlich, soweit die Beeidigung zulässig ist.

Hinsichtlich der Berechtigung der Beteiligten zur Anwesenheit bei der Beweisaufnahme finden die Vorschriften der §§ 165 bis 167 entsprechende Anwendung.

Nach Schluß der Beweisaufnahme sind die Militäranwaltschaft und der Angeklagte unter Bestimmung einer Frist zur ferneren Erklärung aufzufordern.

§ 165: „Findet die Einnahme eines Augenscheins statt, so ist dem Beschuldigten und dem Verteidiger die Anwesenheit bei der Verhandlung zu gestatten.

Dasselbe gilt, wenn ein Zeuge oder Sachverständiger vernommen werden soll, welcher voraussichtlich am Erscheinen in der Hauptverhandlung verhindert, oder dessen Erscheinen wegen großer Entfernung besonders erschwert sein wird.

Von den Terminen sind die zur Anwesenheit Berechtigten vorher zu benachrichtigen, soweit dies ohne Aufenthalt für die Sache geschehen kann.

Beschuldigte, die dem aktiven Heere oder der aktiven Marine angehören, oder welche sich nicht auf freiem Fuße befinden, haben einen Anspruch auf Anwesenheit nur bei solchen Terminen, welche an dem Orte abgehalten werden, wo sie sich dienstlich aufhalten oder in Haft befinden.

Auf die Verlegung eines Termins wegen Verhinderung haben die zur Anwesenheit Berechtigten keinen Anspruch."

§ 166: „Der Beschuldigte kann von der Anwesenheit bei der Verhandlung ausgeschlossen werden, wenn zu befürchten ist, daß ein Zeuge in seiner Gegenwart die Wahrheit nicht sagen werde."

§ 167: „Der Gerichtsherr ist stets berechtigt, von dem Stande des Verfahrens durch Einsicht der Akten Kenntnis zu nehmen und die ihm zur Aufklärung der

Sache geeignet scheinenden Verfügungen zu treffen. Er ist jedoch nicht befugt, an den Untersuchungshandlungen teilzunehmen.

Vom Gerichtsherrn kann, falls dies aus besonderen Rücksichten angezeigt erscheint, ein Offizier bestimmt werden, welcher den Untersuchungshandlungen des ersuchten Gerichts beizuwohnen und das Protokoll mit zu unterschreiben hat. Hat er Einwendungen gegen den Inhalt des Protokolls zu erheben, so sind sie von ihm unter demselben zu vermerken.

Der Untersuchungsführer ist berechtigt, den Gerichtsherrn zu ersuchen, einen Offizier zu bestimmen, welcher den Untersuchungshandlungen beizuwohnen und das Protokoll mit zu unterschreiben hat."

§ 446. Das Reichsmilitärgericht entscheidet über den zugelassenen Antrag auf Wiederaufnahme des Verfahrens nach Maßgabe des § 443 Absatz 2.

Der Antrag wird als unbegründet verworfen, wenn die darin aufgestellten Behauptungen keine genügende Bestätigung gefunden haben, oder wenn in den Fällen des § 436 Nr. 1 und 2 oder des § 438 Nr. 1 und 2 nach Lage der Sache die Annahme ausgeschlossen ist, daß die in diesen Bestimmungen bezeichnete Handlung auf die Entscheidung Einfluß gehabt hat.

Anderenfalls verordnet das Reichsmilitärgericht die Wiederaufnahme des Verfahrens, sowie die Erneuerung der Hauptverhandlung unter Bezeichnung des Gerichts, bei welchem die letztere stattfinden soll.

§ 447. Ist der Verurteilte bereits verstorben oder in eine unheilbare Geisteskrankheit verfallen, so findet eine Erneuerung der Hauptverhandlung nicht statt. Das Reichsmilitärgericht hat vielmehr auf Grund der neuen Ermittelungen ohne mündliche Verhandlung auf Freisprechung zu erkennen oder den Antrag auf Wiederaufnahme abzulehnen.

Mit der Freisprechung ist die Aufhebung des früheren Urteils zu verbinden.

§ 448. In der erneuten Hauptverhandlung ist entweder das frühere Urteil aufrecht zu erhalten oder unter Aufhebung desselben anderweit in der Sache zu erkennen.

Ist die Wiederaufnahme des Verfahrens nur von dem Verurteilten oder zu Gunsten desselben seitens des Gerichtsherrn beantragt worden, so darf das neue Urteil eine härtere Strafe als die in dem früheren erkannte nicht verhängen.

§ 449. Wird im Wiederaufnahmeverfahren auf Freisprechung erkannt, so ist auf Verlangen des Freigesprochenen, in den Fällen des § 447 auf Verlangen des Antragstellers, die Aufhebung des früheren Urteils durch den Deutschen Reichsanzeiger bekannt zu machen. Das Gericht kann anordnen, daß die Bekanntmachung auch durch andere öffentliche Blätter erfolgen soll.

II.

Die Bestimmungen des Bürgerlichen Gesetzbuches über den Schadensersatz.

(§§ 249—253, 823 ff.)

§ 249. Wer zum Schadensersatze verpflichtet ist, hat den Zustand herzustellen, der bestehen würde, wenn der zum Ersatze verpflichtende Umstand nicht eingetreten wäre. Ist wegen Verletzung einer Person oder wegen Beschädigung einer Sache Schadensersatz zu leisten, so kann der Gläubiger statt der Herstellung den dazu erforderlichen Geldbetrag verlangen.

§ 250. Der Gläubiger kann dem Ersatzpflichtigen zur Herstellung eine angemessene Frist mit der Erklärung bestimmen, daß er die Herstellung nach dem Ablaufe der Frist ablehne. Nach dem Ablaufe der Frist kann der Gläubiger den Ersatz in Geld verlangen, wenn nicht die Herstellung rechtzeitig erfolgt; der Anspruch auf die Herstellung ist ausgeschlossen.

§ 251. Soweit die Herstellung nicht möglich oder zur Entschädigung des Gläubigers nicht genügend ist, hat der Ersatzpflichtige den Gläubiger in Geld zu entschädigen.

Der Ersatzpflichtige kann den Gläubiger in

Geld entschädigen, wenn die Herstellung nur mit unverhältnismäßigen Aufwendungen möglich ist.

§ 252. Der zu ersetzende Schaden umfaßt auch den entgangenen Gewinn. Als entgangen gilt der Gewinn, welcher nach dem gewöhnlichen Laufe der Dinge oder nach den besonderen Umständen, insbesondere nach den getroffenen Anstalten und Vorkehrungen, mit Wahrscheinlichkeit erwartet werden konnte.

§ 253. Wegen eines Schadens, der nicht Vermögensschaden ist, kann Entschädigung in Geld nur in den durch das Gesetz bestimmten Fällen gefordert werden.

§ 823. Wer vorsätzlich oder fahrlässig das Leben, den Körper, die Gesundheit, die Freiheit, das Eigentum oder ein sonstiges Recht eines Anderen widerrechtlich verletzt, ist dem Anderen zum Ersatze des daraus entstehenden Schadens verpflichtet.

Die gleiche Verpflichtung trifft denjenigen, welcher gegen ein den Schutz eines Anderen bezweckendes Gesetz verstößt. Ist nach dem Inhalte des Gesetzes ein Verstoß gegen dieses auch ohne Verschulden möglich, so tritt die Ersatzpflicht nur im Falle des Verschuldens ein.

§ 824. Wer der Wahrheit zuwider eine Tatsache behauptet oder verbreitet, die geeignet ist, den Kredit eines Anderen zu gefährden oder sonstige Nachteile für dessen Erwerb oder Fortkommen herbeizuführen, hat dem Anderen den daraus entstehenden Schaden auch dann zu ersetzen, wenn er die Unwahrheit zwar nicht kennt, aber kennen muß.

Durch eine Mitteilung, deren Unwahrheit dem Mitteilenden unbekannt ist, wird dieser nicht zum Schadensersatze verpflichtet, wenn er oder der Empfänger der Mitteilung an ihr ein berechtigtes Interesse hat.

§ 825. (Hier bedeutungslos.)

§ 826. Wer in einer gegen die guten Sitten verstoßenden Weise einem Anderen vorsätzlich Schaden zufügt, ist dem Anderen zum Ersatze des Schadens verpflichtet.

§ 827. Wer im Zustande der Bewußtlosigkeit oder in einem die freie Willensbestimmung ausschließenden Zustande krankhafter Störung der Geistestätigkeit einem Anderen Schaden zufügt, ist für den Schaden nicht verantwortlich. Hat er sich durch geistige Getränke oder ähnliche Mittel in einen vorübergehenden Zustand dieser Art versetzt, so ist er für einen Schaden, den er in diesem Zustande widerrechtlich verursacht, in gleicher Weise verantwortlich, wie wenn ihm Fahrlässigkeit zur Last fiele; die Verantwortlichkeit tritt nicht ein, wenn er ohne Verschulden in den Zustand geraten ist.

§ 828. Wer nicht das siebente Lebensjahr vollendet hat, ist für einen Schaden, den er einem Anderen zufügt, nicht verantwortlich.

Wer das siebente, aber nicht das achtzehnte Lebensjahr vollendet hat, ist für einen Schaden, den er einem Anderen zufügt, nicht verantwortlich, wenn er bei der Begehung der schädigenden Handlung nicht die zur Erkenntnis der Verantworlichkeit erforderliche Einsicht hat. Das Gleiche gilt von einem Taubstummen.

§ 829. Wer in einem der in den §§ 823 bis 826 bezeichneten Fälle für einen von ihm verursachten Schaden auf Grund der §§ 827, 828 nicht verantwortlich ist, hat gleichwohl, sofern der Ersatz des Schadens nicht von einem aufsichtspflichtigen Dritten erlangt werden kann, den Schaden insoweit zu ersetzen, als die Billigkeit nach den Umständen, insbesondere nach den Verhältnissen der Beteiligten, eine Schadloshaltung erfordert und ihm nicht die Mittel entzogen werden, deren er zum standesmäßigen Unterhalte sowie zur Erfüllung seiner gesetzlichen Unterhaltspflichten bedarf.

§ 830. Haben Mehrere durch eine gemeinschaftlich begangene unerlaubte Handlung einen Schaden verursacht, so ist jeder für den Schaden verantwortlich. Das Gleiche gilt, wenn sich nicht ermitteln läßt, wer von mehreren Beteiligten den Schaden durch seine Handlung verursacht hat.

Anstifter und Gehilfen stehen Mittätern gleich.

§ 831. Wer einen Anderen zu einer Verrichtung bestellt, ist zum Ersatze des Schadens verpflichtet, den der Andere in Ausführung der Verrichtung einem Dritten widerrechtlich zufügt. Die Ersatzpflicht tritt nicht ein, wenn der Geschäftsherr bei der Auswahl der bestellten Person und, sofern er Vorrichtungen oder Gerätschaften zu beschaffen oder die Ausführung der Verrichtung zu leiten hat, bei der Beschaffung oder der Leitung die im Verkehr erforderliche Sorgfalt beobachtet oder wenn der Schaden auch bei Anwendung dieser Sorgfalt entstanden sein würde.

Die gleiche Verantwortlichkeit trifft denjenigen, welcher für den Geschäftsherrn die Besorgung eines der im Abs. 1 Satz 2 bezeichneten Geschäfte durch Vertrag übernimmt.

§ 832. Wer kraft Gesetzes zur Führung der Aufsicht über eine Person verpflichtet ist, die wegen Minderjährigkeit oder wegen ihres geistigen oder körperlichen Zustandes der Beaufsichtigung bedarf, ist zum Ersatze des Schadens verpflichtet, den diese Person einem Dritten widerrechtlich zufügt. Die Ersatzpflicht tritt nicht ein, wenn er seiner Aufsichtspflicht genügt oder wenn der Schaden auch bei gehöriger Aufsichtsführung entstanden sein würde.

Die gleiche Verantwortlichkeit trifft denjenigen, welcher die Führung der Aufsicht durch Vertrag übernimmt.

§ 833—838. (Hier bedeutungslos.)

§ 839. Verletzt ein Beamter vorsätzlich oder fahrlässig die ihm einem Dritten gegenüber obliegende Amtspflicht, so hat er dem Dritten den daraus entstehenden Schaden zu ersetzen. Fällt dem Beamten nur Fahrlässigkeit zur Last, so kann er nur dann in Anspruch genommen werden, wenn der Verletzte nicht auf andere Weise Ersatz zu erlangen vermag.

Verletzt ein Beamter bei dem Urteil in einer Rechtssache seine Amtspflicht, so ist er für den daraus entstehenden Schaden nur dann verantwortlich, wenn die Pflichtverletzung mit einer im Wege des gerichtlichen Strafverfahrens zu verhängenden öffentlichen Strafe bedroht ist. Auf eine pflichtwidrige Verweigerung oder Verzögerung der Ausübung des Amtes findet diese Vorschrift keine Anwendung.

Die Ersatzpflicht tritt nicht ein, wenn der Verletzte vorsätzlich oder fahrlässig unterlassen hat, den Schaden durch Gebrauch eines Rechtsmittels abzuwenden.

§ 840. Sind für den aus einer unerlaubten Handlung entstehenden Schaden Mehrere nebeneinander verantwortlich, so haften sie, vorbehaltlich der Vorschrift des § 835 Abs. 3, als Gesamtschuldner

Ist neben demjenigen, welcher nach den §§ 831, 832 zum Ersatze des von einem Anderen verursachten Schadens verpflichtet ist, auch der Andere für den Schaden verantwortlich, so ist in ihrem Verhältnisse zu einander der Andere allein, im Falle des § 829 der Aufsichtspflichtige allein verpflichtet.

Absatz 3 bezieht sich nur auf die §§ 833 bis 838 und ist daher hier bedeutungslos. S. auch S. 171.

§ 841. Ist ein Beamter, der vermöge seiner Amtspflicht einen Anderen zur Geschäftsführung für einen Dritten zu bestellen oder eine solche Geschäftsführung zu beaufsichtigen oder durch Genehmigung von Rechtsgeschäften bei ihr mitzuwirken hat, wegen Verletzung dieser Pflichten neben dem Anderen für den von diesem verursachten Schaden verantwortlich, so ist in ihrem Verhältnisse zu einander der Andere allein verpflichtet.

§ 842. Die Verpflichtung zum Schadensersatze wegen einer gegen die Person gerichteten unerlaubten Handlung erstreckt sich auf die Nachteile, welche die Handlung für den Erwerb oder das Fortkommen des Verletzten herbeiführt.

§ 843. Wird in Folge einer Verletzung des Körpers oder der Gesundheit die Erwerbsfähigkeit des Verletzten aufgehoben oder gemindert oder tritt eine Vermehrung seiner Bedürfnisse ein, so ist dem Verletzten durch Entrichtung einer Geldrente Schadensersatz zu leisten.

Auf die Rente finden die Vorschriften des § 760 Anwendung. Ob, in welcher Art und für welchen Betrag der Ersatzpflichtige Sicherheit zu leisten hat, bestimmt sich nach den Umständen.

Statt der Rente kann der Verletzte eine Abfindung in Kapital verlangen, wenn ein wichtiger Grund vorliegt.

Der Anspruch wird nicht dadurch ausgeschlossen,

daß ein Anderer dem Verletzten Unterhalt zu gewähren hat.

§ 844. Im Falle der Tötung hat der Ersatzpflichtige die Kosten der Beerdigung demjenigen zu ersetzen, welchem die Verpflichtung obliegt, diese Kosten zu tragen.

Stand der Getötete zur Zeit der Verletzung zu einem Dritten in einem Verhältnisse, vermöge dessen er diesem gegenüber kraft Gesetzes unterhaltspflichtig war oder unterhaltspflichtig werden konnte, und ist dem Dritten infolge der Tötung das Recht auf den Unterhalt entzogen, so hat der Ersatzpflichtige dem Dritten durch Entrichtung einer Geldrente insoweit Schadensersatz zu leisten, als der Getötete während der mutmaßlichen Dauer seines Lebens zur Gewährung des Unterhalts verpflichtet gewesen sein würde; die Vorschriften des § 843 Abs. 2 bis 4 finden entsprechende Anwendung. Die Ersatzpflicht tritt auch dann ein, wenn der Dritte zur Zeit der Verletzung erzeugt, aber noch nicht geboren war.

§ 845. Im Falle der Tötung, der Verletzung des Körpers oder der Gesundheit sowie im Falle der Freiheitsentziehung hat der Ersatzpflichtige, wenn der Verletzte kraft Gesetzes einem Dritten zur Leistung von Diensten in dessen Hauswesen oder Gewerbe verpflichtet war, dem Dritten für die entgehenden Dienste durch Entrichtung einer Geldrente Ersatz zu leisten. Die Vorschriften des § 843 Abs. 2 bis 4 finden entsprechende Anwendung.

§ 846. Hat in den Fällen der §§ 844, 845 bei der Entstehung des Schadens, den der Dritte erleidet, ein Verschulden des Verletzten mitgewirkt, so finden auf den Anspruch des Dritten die Vorschriften des § 254 Anwendung.

§ 847. Im Falle der Verletzung des Körpers oder der Gesundheit sowie im Falle der Freiheitsentziehung kann der Verletzte auch wegen des Schadens, der nicht Vermögensschaden ist, eine billige Entschädigung in Geld verlangen. Der Anspruch ist nicht übertragbar und geht nicht auf die Erben über, es sei denn, daß er durch Vertrag anerkannt oder daß er rechtshängig geworden ist.

Absatz 2 bezieht sich nur auf § 825 und ist daher hier bedeutungslos. S. auch S. 169.

§ 848. Wer zur Rückgabe einer Sache verpflichtet ist, die er einem Anderen durch eine unerlaubte Handlung entzogen hat, ist auch für den zufälligen Untergang, eine aus einem anderen Grunde eintretende zufällige Unmöglichkeit der Herausgabe oder eine zufällige Verschlechterung der Sache verantwortlich, es sei denn, daß der Untergang, die anderweitige Unmöglichkeit der Herausgabe oder die Verschlechterung auch ohne die Entziehung eingetreten sein würde.

§ 849. Ist wegen der Entziehung einer Sache der Wert oder wegen der Beschädigung einer Sache die Wertminderung zu ersetzen, so kann der Verletzte Zinsen des zu ersetzenden Betrags von dem Zeitpunkt an verlangen, welcher der Bestimmung des Wertes zu Grunde gelegt wird.

§ 850. Macht der zur Herausgabe einer entzogenen Sache Verpflichtete Verwendungen auf die Sache, so stehen ihm dem Verletzten gegenüber die Rechte zu, die der Besitzer dem Eigentümer gegenüber wegen Verwendungen hat.

§ 851. Leistet der wegen der Entziehung oder Beschädigung einer beweglichen Sache zum Schadensersatze Verpflichtete den Ersatz an denjenigen, in dessen Besitze sich die Sache zur Zeit der Entziehung oder der Beschädigung befunden hat, so wird er durch die Leistung auch dann befreit, wenn ein Dritter Eigentümer der Sache war oder ein sonstiges Recht an der Sache hatte, es sei denn, daß ihm das Recht des Dritten bekannt oder infolge grober Fahrlässigkeit unbekannt ist.

§ 852. Der Anspruch auf Ersatz des aus einer unerlaubten Handlung entstandenen Schadens verjährt in drei Jahren von dem Zeitpunkt an, in welchem der Verletzte von dem Schaden und der Person des Ersatzpflichtigen Kenntnis erlangt, ohne Rücksicht auf diese Kenntnis in dreißig Jahren von der Begehung der Handlung an.

Hat der Ersatzpflichtige durch die unerlaubte Handlung auf Kosten des Verletzten etwas erlangt, so ist er auch nach der Vollendung der Verjährung zur Herausgabe nach den Vorschriften über die Herausgabe einer ungerechtfertigten Bereicherung verpflichtet.

§ 853. Erlangt Jemand durch eine von ihm begangene unerlaubte Handlung eine Forderung gegen den Verletzten, so kann der Verletzte die Erfüllung auch dann verweigern, wenn der Anspruch auf Aufhebung der Forderung verjährt ist.

III

Das Österreichische Gesetz betreffend die Entschädigung für ungerechtfertigt erfolgte Verurteilung vom 16. März 1892.

(Reichsgesetzblatt für die im Reichsrate vertretenen Königreiche und Länder, Jahrgang 1892, S. 477 XXIV. Stück Nr. 64.)

---

§ 1. Wer wegen einer nach der Strafprozeßordnung zu verfolgenden strafbaren Handlung rechtskräftig verurteilt worden ist, kann, wenn auf Grund der Wiederaufnahme des Strafverfahrens die Einstellung des Verfahrens oder die endgültige Zurückweisung der Anklage erfolgt, ferner in allen Fällen, in welchen nachträglich seine Freisprechung stattfindet, für die durch die ungerechtfertigte Verurteilung erlittenen vermögensrechtlichen Nachteile vom Staate eine angemessene Entschädigung verlangen.

Der Anspruch ist unstatthaft, wenn der Verurteilte die ungerechtfertigte Verurteilung absichtlich herbeigeführt oder im Falle eines Kontumazierungsurteiles Einspruch zu erheben unterlassen hat.

Über den Umfang der Entschädigungspflicht des Staates wegen ungerechtfertigter Verurteilung siehe die Erkenntnisse d. (österreich.) Reichsgerichtes v. 16. Jan. 1896, Z. 858, im JBBl. von 1896 S. 45 46 und vom

23. Januar 1897, Z. 336, im JBBl. von 1897 S. 62. Die in Folge ungerechtfertigter Verurteilung eines Lehrlings um die Zeit der verbrachten Strafhaft bewirkte Verlängerung der Lehrzeit desselben begründet einen vermögensrechtlichen Nachteil und daher den Anspruch auf Entschädigung (E. d. RG. v. 21. April 1899, Z. 102). Dasselbe gilt von der durch ein im Adhäsionsverfahren gefälltes strafgerichtliches Erkenntnis auferlegten Privatentschädigung (E. d. RG. v. 6. Juli 1899, Z. 204). Hierher gehören dagegen nicht die Kosten der ursprünglichen Verteidigung des Angeklagten wider die gegen ihn erhobene Anklage; demselben gebührt auch keine Entschädigung für etwa erlittene Untersuchungshaft (E. d. RG. v. 21. Oktober 1899, Z. 382, in letzterer Hinsicht auch E. vom 16. Januar 1896, Z. 358). (Entnommen der Manzschen Taschenausgabe der Österr. Strafprozeßordnung v. 23. Mai 1873 S. 476, Wien 1901.)

§ 2. Wenn die Voraussetzungen des § 1 gegeben sind, kann der Anspruch nach dem Tode des Verurteilten nur von dessen Ehegatten, Kindern und Eltern erhoben oder der bereits von ihm erhobene fortgesetzt werden, und zwar nur insoweit diesen Angehörigen durch die ungerechtfertigte Verurteilung ein ihnen von dem Verurteilten geschuldeter Unterhalt entgangen ist.

§ 3. Der Anspruch erlischt nach drei Monaten von dem Zeitpunkte an, in welchem derselbe auf Grund der §§ 1 und 2 dieses Gesetzes erhoben werden konnte.

§ 4. Der Anspruch ist mittels schriftlicher Eingabe oder zu Protokoll bei dem Gerichte, welches das aufgehobene Urteil in erster Instanz gefällt hat, zu erheben und mit möglichster Bestimmtheit zu bezeichnen.

§ 5. Das Gericht hat von amtswegen vorzugehen, die erforderlichen Erhebungen zu pflegen und die zur Feststellung der Tatsachen, welche den Anspruch begründen, nötigen Beweise aufzunehmen. Hiebei sind alle Umstände für und gegen den Anspruch mit gleicher Sorgfalt zu erheben. Zeugen und Sachverständige können zur Aussage verhalten und erforderlichenfalls in Eid genommen werden.

§ 6. Sind die Erhebungen geschlossen, so ist dem Anspruchsteller bekannt zu geben, daß es ihm freisteht, eine Äußerung zur Begründung seines Anspruches (§§ 1 und 2) schriftlich zu überreichen oder zu Protokoll zu geben, wozu ihm eine unerstreckbare Frist von vierzehn Tagen zu gewähren ist.

Dem Anspruchsteller ist die Einsicht der Akten zu gestatten.

§ 7. Die geschlossenen Akten sind nebst einem Gutachten des Gerichtes dem Justizminister vorzulegen, welcher Ergänzungen der Erhebungen anordnen kann.

Der Justizminister erkennt über den erhobenen Anspruch und stellt den Entschädigungsbetrag fest.

§ 8. Dem Anspruchsteller steht eine Frist von sechzig Tagen von der Zustellung des Erkenntnisses des Justizministers zur Erhebung seines Anspruches vor dem Reichsgerichte auf Grund des Artikels 3 lit. a des StGG. vom 21. Dezember 1867 (RGBl. Nr. 143) über die Einsetzung eines Reichsgerichtes offen.

Die Frist ist unerstreckbar und findet eine Wiedereinsetzung wegen Versäumung der Frist nicht statt.

Das Gesuch bedarf nicht der Unterschrift eines Advokaten.

§ 9. Die Verhandlungen in der durch dieses Gesetz geregelten Angelegenheit und alle darauf bezüglichen Eingaben sind gebüren- und portofrei.

§ 10. Das Gesetz findet auf Strafurteile, welche vor der Wirksamkeit dieses Gesetzes gefällt worden sind, keine Anwendung.

§ 11. (Vollzugsauftrag an die Minister der Justiz, der Finanzen und des Handels).

Verordnungen, Verfügungen oder Anweisungen allgemeinerer Natur sind zu diesem Gesetze nicht ergangen.

Sachregister.

(Die Zahlen bedeuten die Seiten.)

A.

B.

C.

G.

H.

J.

K.

L.

M.

N.

Druck von A. W. Hayn's Erben, Berlin und Potsdam.

Verzeichnis

der

Guttentag'schen Sammlung Deutscher Reichs- und Preussischer Gesetze

Text-Ausgaben

mit Anmerkungen u. Sachregister

5. Allgemeine Deutsche **Wechselordnung.** Achte Auflage von Justizrath Dr. **J. Stranz** und Rechtsanwalt Dr. **M. Stranz,** und das Reichsgesetz über die **Wechselstempelsteuer.** Von Regierungsrath **P. Loeck.** Siebente Auflage. 3 M.

6. **Gewerbeordnung** für das Deutsche Reich nebst allen Ausführungsbestimmungen. Ursprünglich herausgegeben von **T. Ph. Berger** und Dr. **L. Wilhelmi.** Sechszehnte Auflage bearbeitet von Oberverwaltungsgerichtsrath **H. Spangenberg.** 3 M.

7. Die deutsche **Post- und Telegraphen-Gesetzgebung.** Nebst dem Weltpostvertrag und dem internationalen Telegraphenvertrag. Von Wirkl. Geh. Rath Dr. **Fischer.** Fünfte Auflage bearbeitet von Geh. Postrath Dr. **M. König.** 3 M.

8. Die Reichsgesetze über den **Unterstützungswohnsitz** in der Fassung der Novelle vom 12. März 1894, **die Freizügigkeit, den Erwerb und Verlust der Bundes- und Staatsangehörigkeit,** nebst allen landesgesetzlichen Bestimmungen. Von Geheimrath Dr. **J. Krech,** Mitglied des Bundesamtes für das Heimathwesen. Fünfte Auflage. 2 M. 70 Pf.

9a. Sammlung **kleinerer privatrechtlicher Reichsgesetze.** Von **F. Vierhaus.** Zweite Auflage in Vorbereitung.

9. Sammlung **kleinerer strafrechtlicher Reichsgesetze.** Mit den Entscheidungen des Reichsgerichts bearbeitet von **M. Werner,** Geh. Ober-Regierungsrath. Zweite Auflage. 3 M.

Inhalt: Inhaberpapiere — Presse — Personenstand — Urheberrechtsgesetzgebung — Rinderpest — Nahrungs- und Genußmittel — Sprengstoff — Feingehalt von Gold- und Silberwaaren — Patentgesetz — Handfeuerwaffen — Gebrauchsmusterschutz — Militärische Geheimnisse — Waarenbezeichnung — unlauterer Wettbewerb — Auswanderung — Margarine — Wein — Sklavenraub — Fleischbeschau — Reichsseuchengesetz — Süßstoff — Reichskassenscheine.

10. Das **Reichsbeamtengesetz** vom 31. März 1873 und seine Ergänzungen. Erläutert von **J. Pieper,** Geh. Ober-Regierungsrath. Zweite Auflage. 4 M. 50 Pf.

11. **Civilprozeßordnung mit Gerichtsverfassungsgesetz** und den Einführungsgesetzen. Unter besonderer Berücksichtigung der Entscheidungen des Reichsgerichts herausgegeben mit Anmerkungen von **R. Sydow,** Unterstaatssekretär und **L. Busch,** Kammergerichtsrath. Neunte Auflage. 8⁰. 5 M.

Dieser Band ist in größerem Format erschienen!

12. **Strafprozeßordnung und Gerichtsverfassungsgesetz** nebst dem Gesetz, betreffend die Entschädigung der im Wiederaufnahmeverfahren freigesprochenen Personen. Von **A. Hellweg,** Reichsgerichtsrath. Zwölfte Auflage. 2 M.

13. **Konkursordnung und Anfechtungsgesetz.** Unter besonderer Berücksichtigung der Entscheidungen des Reichsgerichts herausgegeben mit Anmerkungen von **R. Sydow** u. **L. Busch.** Neunte Auflage. 2 M. 25 Pf.

14. **Gerichtsverfassungsgesetz** mit Einführungsgesetz, Nebengesetzen und Ergänzungen. Herausgegeben von **R. Sydow** u. **L. Busch.** Neunte Auflage in Vorbereitung.

15. Das **Deutsche Gerichtskostengesetz** nebst den Gebührenordnungen für Gerichtsvollzieher, Zeugen und Sachverständige. Herausgegeben mit Anmerkungen und Kostentabellen von **R. Sydow** u. **L. Busch.** Siebente Auflage. 1 M. 80 Pf.

16. **Rechtsanwaltsordnung.** Von **R. Sydow.** Vierte Auflage von Dr. **E. Mosler.** 1 M. 20 Pf.

17. Die **Deutsche Gebührenordnung für Rechtsanwälte und das Preußische Gebührengesetz** vom 27. September/6. Oktober 1899. Von **R. Sydow** und **L. Busch.** Siebente Auflage. 1 M. 60 Pf.

18. **Reichsstempelgesetz (Börsensteuergesetz)** v. 14. Juni 1900, mit den Ausführungsbestimmungen, einem Auszug aus den Gesetzes-Materialien und den Entscheidungen der Verwaltungsbehörden und des Reichsgerichts. Achte Auflage von **P. Loeck,** Regierungsrath. 3 M. 30 Pf.

19. Die **Seegesetzgebung.** Nebst den Entscheidungen des Reichsoberhandelsgerichts, des Reichsgerichts und der Seeämter. Von Dr. **W. E. Knitschky.** Dritte Auflage bearbeitet von Oberlandesgerichtsrath **Otto Rudorff** in Hamburg. 4 M. 50 Pf.

20. **Krankenversicherungsgesetz.** Von weil. Dr. **E. von Woedtke,** Direktor im Reichsamte des Innern. Zehnte Auflage bearbeitet von Dr. **G. Eucken-Addenhausen,** Geh. Reg.-Rath und vortr. Rat im Reichsamte des Innern. 3 M. 50 Pf.

21. Die **Konsulargesetzgebung.** Von Professor Dr. **Ph. Zorn.** Zweite Auflage. 3 M.

22a. **Patentgesetz.** Nebst Ausführungsbestimmungen, völkerrechtlichen Verträgen und der Patentanwalts-Ordnung unter eingehender Berücksichtigung der Rechtsprechung des Reichsgerichts und der Praxis des Patentamts. Erläutert von Prof. Dr. **R. Stephan,** Geh. Reg.-Rath, Mitglied des Kaiserlichen Patentamts. Sechste Auflage. 2 M.

22b. Gesetz zum **Schutz der Waarenbezeichnungen.** Nebst Ausführungsbestimmungen. Von Dr. **R. Stephan,** Geh. Reg.-Rath, Mitglied des Kaiserlichen Patentamts. Vierte Auflage. 1 M.

23. **Gewerbe-Unfallversicherungsgesetz** und Gesetz, betr. die Abänderung der Unfallversicherungsgesetze vom 30. Juni 1900 nebst Ausführungsverordnungen. Von Dr. **E. v. Woedtke,** Präsident des Kaiserl. Aufsichtsamts für Privatversicherung. Achte Auflage. 2 M. 50 Pf.

24. **Aktiengesellschaft und Kommanditgesellschaften auf Aktien.** (Handelsgesetzbuch, II. Buch, Abschnitt 3

und 4.) Mit Anmerkungen von **H. Keyssner,** Kammergerichtsrath und Dr. **H. Veit Simon,** Rechtsanwalt. Fünfte Auflage. Bearbeitet von Dr. **Hugo Keyssner** und **L. Keyssner.** 2 M. 25 Pf.

25. Reichsgesetz wegen **Erhebung der Brausteuer** vom 31. Mai 1872 mit Ausführungsvorschriften. Von **E. Bertho,** Regierungsrath. 1885. 1 M. 60 Pf.

26. Die Reichsgesetzgebung über **Münz- und Notenbankwesen,** Papiergeld, Prämienpapiere und Reichsschulden. Von Dr. jur. **R. Koch,** Präsident des Reichsbankdirektoriums. Vierte Auflage. 3 M.

27. Die Gesetzgebung, betr. das **Gesundheitswesen** im Deutschen Reich für Behörden, Aerzte &c. Von Dr. jur. **C. Goesch** und Dr. med. **J. Karsten.** 1888. 1 M. 60 Pf.

28. **Bau-Unfallversicherungsgesetz.** Vom 30. Juni 1900. Von **R. Chrzescinski,** Kaiserl. Regierungsrath. Dritte Auflage. 2 M.

29. Reichsgesetz, betr. die **Erwerbs- und Wirthschaftsgenossenschaften.** Von **L. Parisius** und Dr. **H. Crüger.** Zehnte Auflage bearbeitet von Dr. **H. Crüger.** 1 M. 50 Pf.

30. **Invalidenversicherungsgesetz** vom 13. Juli 1899. Von Dr. **E. v. Woedtke,** Präsident des Kaiserlichen Aufsichtsamts für Privatversicherung. Neunte Auflage. 2 M. 50 Pf.

31. **Gewerbegerichtsgesetz.** Von Stadtrath **L. Mugdan.** Fünfte Auflage bearbeitet von **W. Cuno,** Erstem Bürgermeister zu Hagen i. W. 2 M.

32 Reichsgesetz, betr. die **Gesellschaften mit beschränkter Haftung.** Von **L. Parisius** und Dr. **H. Crüger.** Siebente Auflage. 1 M. 25 Pf

33. Das **Vereins- und Versammlungsrecht** in Deutschland. Von Dr. **E. Ball,** Rechtsanwalt. 2 M. 25 Pf

34. Reichsgesetz, betreffend die **Abzahlungsgeschäfte.** Vom 16. Mai 1894. Von **J. Hoffmann.** Zweite vermehrte Auflage besorgt von Dr. **E. Wilke,** Landgerichtsrath. 1 M. 20 Pf.

35. Die **Reichs-Eisenbahngesetzgebung.** Von **W. Coermann,** Kaiserl. Amtsrichter. 1895. 2 M. 25 Pf.

36. Gesetze, betr. die **privatrechtlichen Verhältnisse der Binnenschifffahrt und der Flößerei.** Erläutert von **H. Makower.** Dritte Auflage bearbeitet von **E. Löwe,** Landgerichtsrath. 3 M.

37. Gesetz zur **Bekämpfung des unlauteren Wettbewerbes.** Vom 27. Mai 1896. Von Dr. **R. Stephan,** Geh Regierungsrath. Dritte Auflage. 1 M.

38/39. **Bürgerliches Gesetzbuch nebst Einführungsgesetz.** Nach dem Tode des ursprünglichen Herausgebers Reichsgerichtsraths a. D. Dr. **A. Achilles** in Verbindung mit Professor Dr **André,** Landrichter

Ritgen, Landrichter **Strecker,** Ober-Regierungsrath Dr. **Unzner** herausgegeben von Geh. Ober-Justizrath **Greiff.** Vierte Auflage. 8°. 6 M. 50 Pf.
Dieser Band ist in größerem Format erschienen!

40. Gesetz, betr. die **Pflichten der Kaufleute bei Aufbewahrung fremder Werthpapiere (Depotgesetz).** Mit Erläuterungen. Von **F. Lusensky,** Geh. Regierungsrath. 90 Pf.

41. **Börsengesetz.** Vom 22. Juni 1896. Nebst Ausführungsbestimmungen. Unter Mitwirkung des Direktors im Reichsamt des Innern **A. Wermuth** bearbeitet von Regierungsrath **R. Brendel.** 1 M. 50 Pf.

42. **Grundbuchordnung** nebst den preußischen Ausführungsbestimmungen. Mit Einleitung. Von Professor Dr. **O. Fischer.** Dritte Auflage. 2 M. 25 Pf.

43. Die Gesetzgebung, betr. die **Zwangsvollstreckung in das unbewegliche Vermögen** im Reiche und in Preußen. Mit Einleitung, Kosten- und Gebührentabellen. Von Dr. **J. Krech,** Kaiserl. Geh. Regierungsrath und Professor Dr. **O. Fischer.** Vierte Auflage. 2 M.

44. Das Reichsgesetz über das **Auswanderungswesen** vom 9. Juni 1897 nebst Ausführungsverordnungen und Anlagen. Unter Benutzung amtlicher Quellen. Von Professor Dr. **Felix Stoerk.** 2 M. 25 Pf.

45. Das **Entmündigungsrecht** unter Berücksichtigung der für Preußen geltenden Vorschriften nebst der preußischen Justiz-Ministerial-Verfügung vom 28. November 1899. Text der civil- und prozeßrechtlichen Bestimmungen mit Erläuterungen von Landgerichtsrath Dr. **P. Koll** in Cöln. 1 M. 50 Pf.

46. Die Gesetze des Reiches und Preußens über die **freiwillige Gerichtsbarkeit.** Mit Einleitung von **Herm. Jastrow,** Amtsgerichtsrath. Dritte Auflage. 3 M.

47. Das **deutsche Vormundschaftsrecht** und das preuß. Gesetz über die Fürsorgeerziehung Minderjähriger nebst den dazu gehörigen preußischen Nebengesetzen. Mit Einleitung und Erläuterungen von **Max Schultzenstein,** Oberverwaltungsgerichtsrath und Amtsgerichtsrath Dr. **Paul Köhne.** Zweite Auflage 3 M.

48. Gesetze und Verordnungen, betr. den **Drogen-, Gift- und Farbenhandel** außerhalb der Apotheken. Von Dr. **Broh,** Rechtsanwalt. 1 M. 25 Pf.

49. Deutsche **Kolonialgesetzgebung.** Von Professor Dr. **Philipp Zorn.** 4 M. 50 Pf.

50. Der **Viehkauf** (Viehgewährschaft) nach dem Bürgerlichen Gesetzbuche. Mit Erläuterungen von Rechtsanwalt Dr. **H. Stölzle.** Nebst Verordn. betr. die Hauptmängel und Gewährsfristen beim Viehhandel. Von **H. Weiskopf,** Königl. Kreisthierarzt in Augsburg. Dritte Auflage. 3 M.

51. **Hypothekenbankgesetz** vom 13. Juli 1899. Von Dr. **H. Göppert,** Gerichts-Assessor. 1 M. 80 Pf.

52. Gesetz, betreffend die gemeinsamen **Rechte der Besitzer von Schuldverschreibungen.** Von Dr. **Heinrich Göppert,** Gerichts-Assessor. 2 M.

53. **Reichspreßgesetz** vom 7. Mai 1874 nebst den einschlägigen Bestimmungen des Strafgesetzbuchs, der Gewerbeordnung &c. Kommentar von **A. Born,** Polizeiassessor. 1 M. 50 Pf.

54. Die Reichsgesetzgebung über den Verkehr mit **Nahrungsmitteln, Genußmitteln** und **Gebrauchsgegenständen.** Von Dr. **Georg Lebbin,** Nahrungsmittelchemiker. 2 M. 25 Pf.

55. Das Recht der **Beschlagnahme von Lohn- und Gehaltsforderungen.** Auf Grundlage der Reichsgesetze vom 21. Juni 1869 u. 29. März 1897 und der Civilprozeßordnung. Von Rechtsanwalt **Georg Meyer.** 1 M. 50 Pf.

56. Gesetz, betr. die **Bekämpfung gemeingefährlicher Krankheiten.** Nebst Ausführungsbestimmungen. Von Dr. **Bruno Burkhardt,** Regierungsrath, Mitglied des Kais. Gesundheitsamts. 1 M. 40 Pf.

57. **See-Unfallversicherungsgesetz.** Von **Dr. Max Mittelstein,** Oberlandesgerichtsrath in Hamburg. 2 M.

58. **Das Recht der unehelichen Kinder.** Ausgabe aller einschlägigen Bestimmungen des B.G.B. Von **Hermann Jastrow,** Amtsgerichtsrath. 1 M. 80 Pf.

59. Reichsgesetz über die **Beurkundung des Personenstandes und die Eheschließung.** Von Dr. **F. Fidler,** Amtsgerichtsrath. 1 M. 80 Pf.

60. Gesetz, betreffend das **Urheberrecht an Werken der Litteratur und der Tonkunst.** Von Gerichtsassessor **Otto Lindemann.** 1 M. 50 Pf.

61. Gesetz über das **Verlagsrecht.** Von Justizrath **Ernst Heinitz.** 1 M. 50 Pf.

62. Gesetz über die **privaten Versicherungsunternehmungen.** Von **H. Könige,** Ob.-Landsger.-Rath. 3 M.

63. **Gesetzestafel des Deutschen Reichsrechts.** Systematisch geordnete Nachweisung des z. Z. geltenden Reichsrechts. Ergänzungsband zu der Guttentag'schen Sammlung Deutscher Reichsgesetze. Von **Hugo Bruhns,** Syndikus. 2 M. 50 Pf.

64. Gesetzsammlung betr. den **Handel mit Drogen und Giften.** Reichsgesetzl. Bestimmungen und Anhang mit den landesgesetzl. Verordnungen sämmtlicher Bundesstaaten. Von Rechtsanwalt **H. Sonnenfeld,** Syndikus der Berliner Drogisten-Innung. 3 M.

65. Das **Weingesetz** vom 24. Mai 1901. Mit Ausführungsbestimmungen erläutert von Dr. **Georg Lebbin,** Handels- und Gerichtschemiker zu Berlin. 1 M. 50 Pf.

66. Die **Eisenbahn-Gesetzgebung.** Von **W. Pietsch,** Geh. exp. Sekretär im Reichs-Eisenbahn-Amt. 5 M.

67. **Militär-Strafgesetzbuch.** Mit den Entscheidungen des Reichs-Militärgerichts von Dr. **Paul Herz,** Senats-Präsident am Reichs-Militärgericht und Kriegsgerichtsrath Dr. **Georg Ernst.** 3 M.

68. Das **Fleischbeschaugesetz.** Vom 3. Juni 1900. Mit Ausführungsges. u. Verordnungen im Reiche und in Preußen. Von Dr. **Georg Lebbin,** Gerichtschemiker und Rechtsanwalt Dr. **Georg Baum.** 4 M.

69. Reichsgesetz über die **Naturalleistungen der bewaffneten Macht im Frieden** nebst den zugehörigen in Preußen geltenden Bestimmungen. Von Regierungsassessor Dr. **Walter v. Hippel.** 1 M. 25 Pf.

70. Das **Reichs-Haftpflichtgesetz,** betr. die Verbindlichkeit zum Schadensersatz für die bei dem Betriebe von Eisenbahnen, Bergwerken, Steinbrüchen, Gräbereien und Fabriken herbeigeführten Tödtungen und Körperverletzungen, vom 7. Juni 1871. Von Regierungsrath Dr. **G. Eger.** Preis 3 M.

71. **Kinderarbeit in gewerblichen Betrieben,** v. 30. März 1903. Nebst der Preuß. Ausführ.-Anw. v. 30. Nov. u. d. Bek. des Reichskanzlers v. 17. Dez. 1903. Von **H. Spangenberg,** Oberverwaltungsgerichtsrath. Zweite vermehrte Auflage. 1 M. 60 Pf.

72. **Unfallversicherungsgesetz für Land- und Forstwirtschaft** vom wirkl. Geh. Rat Dr. **E. von Woedtke,** fortgesetzt von Dr. **Alfred Radtke,** Geh. Regierungsrat und Senatspräs. im Reichsversicherungsamt. Im Druck.

73. **Entschädigung für unschuldig erlittene Verhaftung und Bestrafung.** Nebst Anhang, enth. die dazu gehörigen Nebengesetze über Schadensersatz. Von Dr. jur. **A. Romen,** Geh. Kriegsrat und vortr. Rat im Kriegsministerium. 2 M.

74. Die **Kaufmannsgerichte.** Von Dr. **Max Apt,** Syndikus der Korporation der Berliner Kaufmannschaft. 1 M. 50 Pf.

Guttentag'sche Sammlung
Preußischer Gesetze.

Text-Ausgaben mit Anmerkungen. Taschenformat.

1. Die **Verfassungs-Urkunde** für den Preußischen Staat. Mit Einleitung, vollständigem Kommentar. Von Prof. Dr. **Adolf Arndt.** Fünfte Auflage. 3 M.

2. Preußische **Beamten-Gesetzgebung.** Enthaltend die wichtigsten Beamtengesetze in Preußen. Von **C. Pfafferoth.** Dritte Auflage. 1 M. 50 Pf.

3. **Die Aufnahme des Nottestaments** durch die bestellten besonderen Urkundspersonen. Anweisung vom 15. März 1904. Erläutert mit Musterbeispielen

und einem Abriß des Erbrechts von Amtsgerichtsrath **C. Kurtz.** 1 M. 50 Pf.

4. **Gebührenordnung** für **Notare** vom 25. Juni 1895 nebst den einschlägigen Vorschriften des Preußischen Gerichtskostengesetzes. Von **R. Sydow.** Zweite Auflage bearbeitet von Dr. **E. Mosler,** Gerichtsassessor. 1 M. 50 Pf.

5. Gesetz vom **24. April 1854 (betr. die außereheliche Schwängerung).** Von Dr. **Schulze.** 75 Pf.
Seit dem 1. Januar 1900 gültiges Recht siehe: Reichsgesetze Nr. 58.

6. Die Preuß. **Ausführungsgesetze und Verordnungen zu den Reichs-Justizgesetzen.** Von **R. Sydow.** Dritte vermehrte Auflage. 1895. 2 M. 40 Pf.
Siehe Seite 21, **Busch, Ausführungsgesetze.**

7. **Allg. Gerichtsordnung** vom 6. Juli 1793 und Preuß. **Konkursordnung** vom 8. Mai 1885. Von **F. Vierhaus,** Geh. Ober-Justizrath. Vergriffen.

8. **Vormundschaftsordnung.** Von **F. Schultzenstein.** Gültiges Recht siehe: Reichsgesetze Nr. 47.

9. Die Preußische **Grundbuchgesetzgebung.** Von Prof. Dr. **Fischer.** Vergriffen. Siehe: Reichsgesetze Nr. 42.

10. **Einkommensteuergesetz.** Von **A. Fernow,** Geh. Finanzrath. Fünfte Auflage. 2 M. 50 Pf.

11. **Gewerbesteuergesetz.** Von **A. Fernow,** Geh. Finanzrath. Dritte Auflage. 1 M. 25 Pf.

12. **Allgemeines Berggesetz** für die preußischen Staaten und die auf dasselbe bezüglichen Gesetze und Verordnungen. Von **E. Engels.** Dritte Auflage. In Vorbereitung.

13. **Ergänzungssteuergesetz** (Vermögenssteuergesetz). Von **A. Fernow,** Geh. Finanzrath. Dritte vermehrte Auflage. 1 M. 50 Pf

14. **Kommunalabgabengesetz.** Vom 14. Juli 1893 und Gesetz wegen Aufhebung direkter Staatssteuern. Von Dr. **F. Adickes,** Oberbürgermeister. Dritte Auflage. 1 M. 50 Pf.

15. Die **Kreisordnungen** für den Preußischen Staat. Von **O. Kolisch,** Landgerichtsrath. 1894. 4 M

16. **Concessionirung gewerblicher Anlagen.** Preuß. Ausführungs-Anweisung zu §§. 16 u. ff. der Gewerbe-Ordnung. Von Dr. **W. v. Rüdiger,** Geh. Regierungs- u. Gewerberath. Zweite Auflage. 2 M.

17 Preußisches **Gerichtskostengesetz.** Mit Kostentabellen. Von Dr. **P. Siméon,** Landrichter. Vierte Auflage. 2 M. 25 Pf.

18. Preußisches **Stempelsteuergesetz** vom 31. Juli 1895 Mit den gesammten Ausführungsbestimmungen und vollständigen Tabellen. Von **P. Loeck,** Regierungsrath. Fünfte Auflage. 5 M.

Dieser Band ist in größerem Format erschienen.

19. Das **Jagdscheingesetz.** Mit ausführlichen Erläuterungen nebst der Ausführungsverfügung. Von **F. Kunze,** Wirklichem Geh. Ober-Regierungsrath. Zweite Auflage. 2 M.

20. Gesetz, betr. die **Erbschaftssteuer.** Unter Berücksichtigung der Novelle vom 31. Juli 1895. Von Regierungsrath **P. Loeck.** 1 M. 80 Pf.

21. Gesetz über die **Handelskammern.** Vom 19. August 1897. Mit Erläuterungen von **F. Lusensky,** Geh. Regierungsrath. 3 M.

22. Gesetz, betr. **Anstellung und Versorgung der Kommunalbeamten.** Mit Ausführungsanweisung. Von Dr. **W. Ledermann,** Magistratsassessor zu Berlin. 1 M. 25 Pf.

23. **Ausführungsgesetz zum Bürgerlichen Gesetzbuche.** Von Landrichter Dr. **P. Siméon.** 1 M. 60 Pf.

24. Die **Hinterlegungsordnung** in der Fassung des Ausführungsgesetzes z. B.G.B. v. 20. Sept. 1899 nebst Ausführungsbestimmungen. Von Regierungsassessor Dr. **Georg Bartels.** 1 M. 50 Pf.

25. **Preußische Kommunalbeamtengesetzgebung.** Von Magistratsassessor Dr. **Fr. Kremski,** Berlin. 3 M.

26. Die Preußischen Gesetze über das **Diensteinkommen der Lehrer und Lehrerinnen, ihren Ruhegehalt und die Fürsorge für ihre Hinterbliebenen,** sowie einer Tabelle zur Berechnung der Ruhegehalts-, Wittwen- und Waisenbezüge. Von Dr. **Ed. Cremer,** Beigeordneter. 2 M. 40 Pf.

27. Gesetz, betreffend die **Waarenhaussteuer.** Von Geh. Ober-Finanzrath Dr. **G. Strutz.** 1 M. 20 Pf.

28. Gesetz über die **Fürsorgeerziehung Minderjähriger.** Nebst Ausführungsanweisungen. Von Landgerichtsrath Dr. **P. F. Aschrott.** 2 M. 80 Pf.

29. Gesetz, betr. **die ärztlichen Ehrengerichte, das Umlagerecht und die Kassen der Aerztekammern.** Von Amtsgerichtsrath Dr. **Fidler.** 1 M. 50 Pf.

30. Die das **Preußische Staatsschuldbuch** und **Reichsschuldbuch** betr. Gesetze nebst Ausführungsbestimmungen. Von Wirkl. Geh. Ober-Finanzrath **J. Mücke,** Mitglied der Staatsschuldenverwaltung. 2 M.

31 a. **Die geltenden Preußischen Gesindeordnungen.** Herausgegeben in zwei Bänden von **Stephan Gerhard,** Rechtsanwalt in Berlin.

Band I: Gesindeordnung für die altpreußischen Provinzen vom 8. XI. 1810, mit Erläuterungen unter Berücksichtigung der Ergänzungsgesetze und der Rechtsverhältnisse der Gesindevermiether, sowie die Gesindeordnung für Neuvorpommern und Rügen und für die Rheinprovinz. 2 M. 50 Pf.

31 b. **Band II:** Gesindeordnungen für Hannover, Schleswig-Holstein, Hessen-Nassau und den Regierungsbezirk Hohenzollern. 2 M. 50 Pf.

32. **Die Städteordnung für die sechs östlichen Provinzen** Preußens vom 30. Mai 1853 nebst ihren gesetzlichen

Ergänzungen. Von **Dr. jur. Walter Ledermann,** Magistrats-Assessor zu Berlin. 6 M.

Dieser Band ist in größerem Format erschienen!

33. **Rentenguts- und Anerbenrechts-Gesetzgebung in Preußen.** Von Landgerichtsrath **M. Peltasohn** und Rechtsanwalt **Bruno Peltasohn.** 3 M.

34. Sammlung der wichtigsten **Preußischen Strafgesetze** nebst Anhang: Gesetz betr. polizeiliche Strafverfügungen vom 23. April 1883. Von **Otto Lindemann,** Amtsrichter. 2 M. 50 Pf.

Inhalt: **Mobiliar-Feuerversicherung — Chausseegeld — Jagdpolizei — Jagdschein — Wild-Schonzeit — Fischerei — Versammlungs- u. Vereinigungsrecht — Belagerungszustand — Gesindedienstpflichten — Mineraliengewinnung und -Aneignung — Schlachthäuser — Dampfkesselbetrieb — Wandergewerbebetrieb — Reblausverbreitung — Forstdiebstahl — Wald- u. Wassergenossenschaften — Feld- u. Forstpolizei — Lotteriespiel — Verkehrsabgaben — Landestrauer.**

35. **Geschäftsordnung für Gerichtsvollzieher.** Gerichtsvollzieherordnung und Gebührensätze von Amtsgerichtssekretär a. D. **Emil Exner.** 3 M. 50 Pf.

36. Die Gesetzgebung über **Polizeiverordnungen in Preußen** von **Otto Lindemann,** Amtsrichter in Köslin. 1 M. 50 Pf.

Das Gesetz betreffend die Anlegung und Veränderung von Straßen und Plätzen in Städten und ländlichen Ortschaften vom 2. Juli 1875. Des Kommentars von weil. Oberverwaltungsgerichtsrath **R. Friedrichs** fünfte völlig neubearbeitete Auflage bearbeitet von Dr. jur. **Hugo v. Strauß und Torney,** Senatspräsident am Oberverwaltungsgericht. 8°. Geb. Im Druck.

Ottermann, Carl, Stadtrath in Dortmund. Das Fluchtliniengesetz vom 2. Juli 1875. Erläuternde Abhandlung. 8°. 1 M. 25 Pf.

Könige, H., Oberlandesgerichtsrath. Handelsgesetzbuch vom 10. Mai 1897 nebst Abdruck des Gesetzes über die Angelegenheiten der freiwilligen Gerichtsbarkeit und Gerichtsverfassungsgesetz (Titel 7, Kammern für Handelssachen) 8°. Geb. in ganz Leinen 4 M. 50 Pf.

Telegraphenwege-Gesetz vom 18. Dezember 1899 nebst den vom Reichskanzler erlassenen Ausführungsbestimmungen vom 26. Januar 1900 und den Erläuterungen und Ausführungsanweisungen des Reichs-Postamts. Amtliche Ausgabe. 8°. Geb. in ganz Leinen 1 M.

Wilhelmi, Dr. L., Das Handwerkergesetz vom 26. Juli 1897. Mit Einleitung und Bemerkungen unter besonderer Berücksichtigung der Ausführungs-Anweisungen der größeren Bundesstaaten. Geb. in ganz Leinen 6 M.

Schlagwort-Register.

R. = Nummer der Sammlung Deutscher **Reichs**gesetze.
P. = Nummer der Sammlung **Preußischer** Gesetze.
S. = Seite.

Schlagwort-Register.

R. = Nummer der Sammlung Deutscher **Reichs**gesetze.
P. = Nummer der Sammlung **Preußischer** Gesetze.
S. = Seite.

FSC
www.fsc.org
MIX
Papier | Fördert
gute Waldnutzung
FSC® C083411

Kolibri 360 GmbH
Ferdinand-Jühlke-Straße 7
99095 Erfurt, Deutschland
produktsicherheit@kolibri360.de